人頭税はなかった
――伝承・事実・真実

来間泰男 著

がじゅまるブックス 9

榕樹書林

表紙　琉球諸島図（部分）
　　　琉球国絵図史料集Ⅲ（H6，当社刊）より
扉　　紺麻・絣宮古上布

目次

はじめに

一九世紀末まで、宮古・八重山（合わせて「先島《さきしま》」という）にあったされる「人頭税《じんとうぜい》」（「にんとうぜい」とも読む）については、これまで「過酷な税」として、時には「先島差別論」とも重ねて論じられてきた。先島の人びとにとって、それは自らの悲劇的な存在を象徴するものであり、生きてきた証《あかし》でもあるかのように、激しい非難を繰り返してきた。しかし、「人頭税」は「なかった」のである。それは「神話」にすぎない。

そのことを私が指摘してから、すでに一二年が経過した。しかし、それは黙殺され続けているように思われる。表面的に反論したのは、この本にも収録した得能寿美のものだけである。ほかに私信で注文をつけてきた研究者は三人である。その名は明らかにしない（一人は公開するなとの注文が付いたままである）が、公開の場で反論が出れば、もちろん私は対応する。

このような状況を放っておけば、「人頭税はなかった」という議論は、いつまでも世の中に埋もれてしまうだろう。そこで、今回、この本を出版することにした。内容はすでに公表されているものが基本となっている。しかし、それは研究者のなかで流通しているだけで、一般には目に留まっていないと思われるし、問題の性質上、まさに「一般の人びと」にも理解してもらうことが必要だと考えるので、出版することにしたのである。

表題は「人頭税はなかった」としたが、この表現には、人びとを驚かせる要素があり、売らんがための表現と受け取られかねない。榕樹書林の武石社長もためらって、「人頭税再考」という案を提示された。しかし、問題の本質は「なかった」ということにあるのであり、本にする時に初めて「なかった」と表現するわけではないし、「なかった」ということを率直に示したいと思い、許容していただいた。

「人頭税はあった」と思い、思わされてきた、多くの人びと、とくに先島の人びとに読んでいただきたいと思っている。

第一章　人頭税はなかった

　ここに掲げるのは、沖縄国際大学南島文化研究所と石垣市教育委員会との共催による「南島文化市民講座」での私の報告原稿（二〇〇三年一二月）であり、当日はパンフレットにして配布された。私の人頭税に関する見解は、すでに同上・南島文化研究所編『近世琉球の租税制度と人頭税』（日本経済評論社、二〇〇三年七月）に収録されている拙稿「近世先島の人頭税と琉球の租税制度」［本書第二章］で提示されているが、そこにはまだ「なかった」という表現は使われていない。しかし、その後の思索の中で、これは「なかった」と明言することが必要だと考えて、この市民講座の際に初めて踏み切ったものである。したがって、この第一章は第二章の要約版であり、分かりやすく表現したものということになる。

　なお、当日は関係資料を添付しておいたが、ここではそれは省略する。第二章で引用し紹介するからである。

一、人頭税はどのように論議されてきたか、それにはどのような問題があったか。

近世期の先島（宮古・八重山）で〃あった〃とされる人頭税制度は、これまでは「苛酷な」という形容詞とセットになって「苛酷な人頭税」として論じられることが多かった。

このような議論の問題点は、次のように指摘できる。

(1) 当時の先島は〃生活水準が低かった〃のは疑いないところであるが、その最大の原因は生産力水準の圧倒的な低さに求めなければならない。そうではなく、その原因をただちに収奪＝租税水準の高さに求めてきたのが、これまでの「苛酷な人頭税」という論議であった。生産力水準の低さは、生産量の少なさとなるのであり、たとえ「苛酷な」といわれる課税がなかったとしても、生活水準は高くはならなかったであろう。

このことに関連していえば、「五公五民」（生産の五〇％を租税に取られて、生活には五〇％しか使えない）とか「二公八民」とかという表現があるが、「五公五民」の方が「二公八民」より苛酷かといえば、そうはいえない。苛酷さはこのような「割合」で計ることはできないものである。一〇の生産ができる中で五（五〇％）を租税に徴収されても、手元に五が残る。これに対して、五の生産しかできない中では、わずか一（二

	貢租　　生活費	
五公五民	□□□□□■■■■■	5を貢納し、5を手元に残して消費する。
二公八民	□□■■■■■■■■	2を貢納し、8を手元に残して消費する。

※このように、生産額が等しい場合は、「五公五民」の方がきびしい。

五公五民	□□□□□■■■■■	5を貢納し、5を手元に残して消費する。
二公八民	□■■■■	1しか貢納しないが、消費量は4にとどまる。

※このように、生産額に多い少ないがある場合は、「五公五民」でも手元に5が残るが、「二公八民」の方は手元に4しか残らず、こちらの方がきびしい。

○%）を収奪されても、手元に残るのは四である。それは先の五より少ない。当時の先島に関しては、この後者のイメージで考えることが必要であろう。すなわち、収奪する側も収奪するのに苦労するほど、圧倒的に生産力が低いために、多くを収奪することは難しく、その水準は低くならざるをえなかったのである。

(2)　人頭税という仕組みだから苛酷だと論じていることである。しかしながら、人頭税という仕組みであっても、「軽い」租税だということもありうるのである。

一〇の生産ができる中で一人当たり五ずつ課税されるのか、一人当たり一ずつ課税されるのかという違いがあれば、その苛酷度は異なる。したがって、人頭税という仕組みだけをとらえて苛酷とすることはできないのである。

しかも、いわゆる人頭税制度は、「悪平等」の制度でもなかったのである。

(3)　人頭税が苛酷であったのであれば、その廃止後の税制はよほど「いい」税制になったはずであるが、廃止後の先島地域で、事実はどうだったのであろうか。

一八九九年（明治三二年）、「沖縄県土地整理事業」が行われて、一九〇三年一月に先島地域のいわゆる「人頭税」は廃止されたことになるが、その後も基本的に同一水準の課税は続けられたのであり、「豊かな」世が到来したわけではない。

なによりも、土地整理事業を柱とする明治改革の目的は、住民負担の軽減にあるのではなく、一律に金納《きんのう》にするという新しい租税制度への移行にあるのである。つまり、租税はそれまで生産物、基本的には「米と雑石《ざっこく》（＝雑穀＝麦と下大豆《げだいず》）」であった。ただ実際には「その他の代替物《だいたいぶつ》」に替えられたり、その生産物を生産する労働であったりしているが。先島の収めさせられた反布《たんぷ》（織物）も、沖縄本島地域の砂糖（黒糖）も、代替物であった。それを現金で納めさせることにしたのである。

その際、目標としてそれまでの租税額の水準を維持しようとしたのであって、部分的には負担の軽減につながった場合や地域があったとしても、軽減そのものにねらいがあるわけではない。先島の反布や沖縄本島地域の砂糖に関していえば、この改革によって沖縄県は、収納した反布や砂糖を販売すること、相場の変動によって収入が増減するという悩みから、免《まぬか》れることができたのである。

(4)　実は、沖縄本島地域の租税制度も「人頭税的」であったのであり、先島地域だけに人頭税があり、それが苛酷だったという論は、沖縄本島地域の租税制度への無理解と対《つい》になっているものである（ただし、それは「人頭税的」ではあっても、「人頭税」「人頭税制度」ではない）。そのことが、いわゆる「先島差別論」と結びついて、「苛酷でない」沖縄本島と、「苛酷な」先島という図式になっていったのである。

二、先島の租税は人頭税といわれてきたが、それはどのような資料に基づいているのか、また、その見方は正しいか。

(1)　「人頭税」を国語辞典で調べてみれば、例えば次のように書かれている。「じんとうぜい【人頭税】担《たん》税《ぜい》能力の差に関係なく、各個人に対して一律に同額を課する租税。にんとうぜい」（『大辞林』第2版）。読みは、人《じん》頭税が一般的であるが、人《にん》頭税と読むこともある。その意味は、「担税能力」つまり租税を負担する能力・力量を問うことなく、一人一人に対して、「一律に」「同額を」負担させるものである、ということである。

(2) また、平凡社『世界百科事典』（一九七四年版）には、次のようにある。

じんどうぜい　人頭税　租税主体たる人を、そのまま租税客体とする萌芽《ほうが》的な租税をいう。狭義には、各個人に対して同額を課徴するものをいうが、その中にも性、年齢、身分を論ぜずすべての個人に課される純粋なものと、老人、幼者、女子、ないし一定身分の者を除いた個人に課されるものとがある。広義には、上記のものに加えて、ドイツ学者のいわゆる階級税 **Klassensteuer**、すなわち年齢、身分、職業、社会的地位等を標準として納税者をいくかの階級に分けて各級ごとに異なった額を課徴するものを含ませていう。（以下、具体例、略）

これには、「狭義」では先の国語辞典と同じことを述べているが、これに「広義」を付け加えている。年齢などの各種階級によって異なった額を賦課するものである。

(3) この、「広義の人頭税」を「人頭税」とする例は、日本統治下の戦前南洋群島にもある。南洋庁『南洋庁施政十年史』昭和七年（沖縄県・史料編集室編『南洋庁施政十年史』影印本、二〇〇一年。［ ］内の説明とルビは来間）。

人頭税　人頭税は大体独逸《ドイツ》時代の制度に準じ、大正四年二月南洋群島税則を制定し、同則に人頭税の制度を設け、四月一日より実施したものである。同則に依る人頭税は、三ケ月以上住居する一六歳以上の男子及婦人にして、独立生計を営むに足る可《べ》き財産を有する者より徴収し、その税額は、土人は年額一〇円以内、土地の情況と旧慣に依り、守備隊長をして部落又は種族毎に均一の税額を定めて徴収せしめ、又ヤルートに於るコプラ〔copra. ココ椰子《やし》の胚乳《はいにゅう》を乾燥させたもの〕物納の慣例に対しては、守備隊長をして其納税額を定めしむる事とした。

土人以外の有色人は、年額一〇円、日本人及白人は二〇円均一の税額を徴収する方法を執《と》つた。又免税者の範囲に付《つい》ては、守備隊長をして定めしむることゝしたが、同年一〇月民政令第四号を以《もっ》て、島民人頭税規則を、民政令第五号を以て南洋群島人頭税規則を制定し、島民と非島民とを区別規定し、大正五年一月より実施した。

同規則に於ては税額其他、大体従来の規定と同一だが、婦人に対する納税の義務を免じ、島民に於ては成年の男子に課することに改めた。尚ヤルートに於ける物納コプラの税額を同規則に定めた。邦人に在《あ》つても現職に在る帝国の軍人、軍属、官公吏及官庁雇用員に対しては、課税せざることゝした。また南洋庁設置後大正一一年七月、南洋群島人頭税規則及び南洋群島々民人頭税規則を新に制定し、従来の人頭税規則を廃止した。

ただし、このような「広義の人頭税」は、限りなく「一般の税制」に接近していくことになり、これを人頭税ということについては問題があろう。

(4) 琉球近世の文献に出てくる「頭懸《ずがけ》」とは何か。「御当国御高並《ならびに》諸上納里積記《りづもりき》」に、次のようにある（「御財制」にもほぼ同文。現代語訳にした）。

一六三三年、宮古島で初めて「人数改め」（人口調べ）があり、翌年（一六三四年）から「頭懸の配当」を申し渡した。以後四回の人口調べがあり、その数に対応させて、穀物や反物を増減した。

これは、宮古（八重山も同じ）の貢納額の「総額」がその人口（頭数）を基準に決められたということを示しているだけである。

(5) ところで、これが二五年後には「定額」に固定されることになる（「里積記」）。

一六五九年の「物成究め《ものなりきわめ》」（貢納額査定）の時、穀物・反物・雑物《ぞうもの》とも、人数の増減に関係なく固定数量が定められた。

ここで総額が固定され、定額になった。この下では、人口が増加すれば一人当たりでは負担が軽くなり、人口が減少すれば一人当たりでは負担が重くなることになる。

八重山では一七七一年に「明和の大津波」があった。定額に固定されて一一二年後のことであるが、その間に人口は約二倍に増加していた（二万人弱）から、この間は負担が軽くなっていったのである。津波で四〇％ほどの人口（九千人）が失われたため、その分一人当たりでは負担が重くなったと考えられる。そこで、以前との比較で「苛酷」と感じられたのかもしれない。しかしまた、人口は増加していくのである。

(6)　その時、「頭懸の仕方」が提示されている。

「頭懸の致様《いたしよう》」は、村々を上・中・下に区分し、穀物の負担を上・中・下に、布の負担を「唐苧敷《とうちょしき》」（苧麻畑《ちょま》）の上・中に対応させて上・中を付ける。さらに、男女を上・中・下・下々の四段に区分し、上《じょう》の村上男女一四部頭、中の村上《じょう》男女一二部頭《ず》、下の村上男女一〇部頭として、下の村の下男女まで「二部引き」としていく。そうすれば、下の村の下々男女は四部頭となる。布の場合は、上の村の上男女を一二部頭からスタートして、やはり「二部引き」とする。

また、人を「上・中・下・下々」と位付けすることについては、正徳元年（一七一一年）から年齢によることとした、という。

ここに示されている「頭懸の仕方」とは何だろうか。それは、貢租額を決定する基準としての人口評価の仕方を示したものであって、王府の指示を受けた在番・頭《かしら》が、間切《まぎり》・村に割り当てるときの指針と見るべきものである。なぜなら、地方役人がその百姓たちに租税をどのように配分するかについては、村に一任していたのであり、在番・頭も干渉しなかったのであるから。

これを、実際に、村々で与えられた村位を前提に、個人を年齢で評価して、個人別の割当額を査定したと見るべきものでもない。なぜなら、村ごとの貢租額は固定していて、その必要もないし、米粟はともかく、反布は個人別に負担額を区分することはできないものだからである（後述）。

(7)　明治二六年（一八九三）に沖縄県がまとめた「沖縄県旧慣租税制度」は、これを「定額人頭配賦《はいふ》税」と名付けた。「人頭税」という表現は、この時初めて生まれたのである。この表現は適切ではなかった。

「頭懸」の意味を取り違えている。

この「旧慣租税制度」は、「当時どのような方法で賦課したかは、記録にないから分からない」と断りつつも、「一人についてどれだけという定率を定めて賦課したのであろう」と推定した。

この推定の意味は、「一人当たり粟何石、布何反」という基準を定めて、それに人口を掛けて総額を決定したということである。例えば、人口五〇人の村なら、一人当たり粟二石と、布〇・五反を掛けて、粟一〇〇石と布二五反をこの村に割り当てた、ということである。これは、一人に粟二石ずつ、布〇・五反ずつ賦課したという意味ではない。

慶長検地で石高を査定したが、課税はそれを基準とするではなく（それはあてにならないので）、人口を基準に「総額」を定めたということである。このことは沖縄本島地域でも同様であって、慶長検地の石高は課税の基準としては使われなかったのであり、その意味で、先島も違いはなかったのである。

つまり、明治になってから「人頭税」だというようになったのであるが、これは間違っている。頭懸は人頭税ではない。

三、当時の租税は、個人別に賦課するのではなく、間切や村という集団に賦課したのであり、一人一人にいくらという画一的な課税はされていないのである。

そもそも、王府は「間切・村」単位に賦課したのであって、個人別には賦課していない（それは、沖縄本島地域でも同様である)。したがって、「人頭税」であるはずがない。

間切・村単位に賦課されてくる租税を、地方《じかた》役人が責任を持って、地域の人々を指揮して、租税品を調達して王府に貢納するのである。史料を四つあげる(1)(2)(4)は旧『沖縄県史・21・旧慣調査資料』一九六八年に収録されている)。

(1)「沖縄県旧慣租税制度」は、「旧藩中」すなわち「近世期」においては、「主に間切をもって納税人と認めていて、その間切の内部でどのように賦課徴収するかは、すべて間切番所に「放任」つまり任《まか》せていた、と述べている。すなわち、近世期における納税の主体・単位は「間切」(現在の町村にほぼ相当)「村」(ほぼ字《あざ》に相当)であった。

同じ時期に、これにやや先行した調査報告書が三つある。これらも同様のことを述べている。

(2)「仁尾主税官復命書写」

これまでの沖縄本島地域の租税制度は、検地に基づく「石盛」によって「租額」を定めて、「一村連帯」でその「総額」を徴収していて、土地の一筆ごとの「負担」については、その村で「適宜処置」させるというものである。村全体で連帯して負担すべき「租額」をどのように土地の一筆ごとに「配賦」するかは、直接の利害にかかわる「村民自《みずか》ラ…処理」する。

ここに「検地に基づく石盛によって租額を定め」とあり、そこは疑問だが、村が賦課された総額を、内部で処理していることに注目したい。

(3)　「一木書記官取調書」（旧『沖縄県史・14・雑纂1』一九六五年に収録）

一個人を「納税者」とはしていない。「百姓地ノ分配」は「村内ノ協議」で処理している（地割制度）ので、「土地ニ対シテ賦課スル租税」は、村を「納税者」とし、「個人ノ負担」は村内で別に定めるものに任《まか》せている。要するに、村を「納税義務者トスルノ制度」は、「百姓地分配ノ制度」＝「地割制度」と「相関連」している。

つまり、ここでも納税の単位は村であって、個人を納税単位とすることはないとしている。

(4)　「沖縄県税制改正ノ急務ナル理由」

「国家ニ対スル納税者ハ村」であって、「間切長」はその「間切内各村ノ租税ヲ取纏《とりまと》メテ納付スル」。ここでも納税者は村としている。

そして、「両先島（宮古郡、八重山郡）」についても触れている。そこでは、「年々一定セル人頭配付税ノ総額ヲ島ニ賦課シ、島ヨリ国庫ニ納入スルモノニシテ、其個人別納税義務ヲ認メサルコトハ、本島ト同一ナリトス」と述べ、いわゆる「人頭税」は、「王府↓在番・頭↓間切・村」のレベルでの課税形態であり、王府・在番・頭はそれぞれの村の「総額」を「人頭」（人口）によって「配付」したものであること、つまり人口によって総額を決めたこと、個人別に税負担を割り当てたものではないこと、そしてそれから先は、村々で、地方役人が百姓たちに対して、どのように課税したかについては関知しなかったのである。

四、琉球近世の租税制度は、夫役が中心になっているため、沖縄本島地域も含めて、「人頭税的」であった。

(1) 沖縄本島地域も含めて、琉球近世の租税制度は、次のようになっている。

①夫役《ぶやく》（賦役《ふえき》。方言では「ブー」）＝労働の提供

イ　道路や橋の建設など、いわば公共事業への労働力動員

ロ　役人の私的な使役

②物納

イ　基本となる農産物（米・麦・下大豆）

ロ　それに代わる農産物（粟・黍・菜種子《なたね》・白藊豆《しろへんまめ》・白大豆・本大豆・小豆・粟籾《もみ》・黍籾）

ハ　それに代わる加工品（砂糖・藍・鬱金《うこん》・真綿《まわた》・織物）

ニ　臨時調達品（野菜・魚・肉・薪炭・材木その他）

この中で、②物納の「ハ　砂糖・藍・鬱金・真綿・織物」などは、それぞれの地域の負担総額のうち、沖縄本島地域では五〇％、先島地域では六〇％、久米島では八〇％を占めている。これらの大部分は、役人監視の下での集団労働の形態をとっており、「村→王府」では物納であるが、「百姓・士族→王府」では夫役である。村の山から材木を切り出すのも同様である。その他、「イ」や「ロ」の多くも同様ではなかったかと考えているが、それを検討できる資料は十分ではない。

このように夫役が大半を占める構造の中では、百姓たちの負担は、労働日数でカウントされ、ほぼ平等に割りつけられる。一人一人の負担額に大きな差異が生じないように配慮されよう。したがって、「人頭税的」になるのである。

(2) なお、今回は触れないが、沖縄本島地域の地割制度は、割り当てられた土地に対応して租税が賦課されるとこれまでは理解されてきたが、その土地の配分は自給用の農産物の生産にあてられ、租税は夫役を中心に課されてくるものと考えるべきであろう。ここでも、「人頭税的」な租税となる。

五、宮古と八重山で六割を占めていた反布はどのように織られたか。

ここでは、反布生産の実際を見ていこう。

(1) そもそも織布作業は、自分の家で個別になされるのは一部で、多くは役人の監督している織り場で作業をしている。

「宮古島ニ於テハ成換反布ヲ除キテハ、正女ノ自家ニ於テ織立ニ従事スルコトヲ許スモ、本島〔八重山島〕ニ於テハ、必ス貢布小屋ニ至リテ織ラシムルコト、ナレリ」(『沖縄県旧慣租税制度』)。

「反布ノ織方ハ、白上中下布ハ村民各々自家ニ於テ之カ織立ヲナスト雖《いえども》、紺及白ノ細上布、縮布《ちぢみふ》、木綿布ハ然《しか》ラス。各自其《その》負担スヘキ数量ニ当ル原糸(綛《かせ》)ヲ携帯シ、各村ノ番所(村役場)ニ参集シ、諸方、染方、絣ノ結《むす》ヒ方ヨリ織立ニ至ルマテ、番所ニ於テ之ヲナサシム」（「仁尾主税官復命書写」）。このような換納布（細密布）が多くの部分を占めていた。

(2) 織物には、多様な労働が必要であり、例えば一反の織りは一人では完結しないし、また一人に何反という画一的で、単純な割当はできない。人々の労働を糸原料（苧麻）の生産、糸紡ぎ、染色原料の生産や調達、晒《さら》しや染色、織機への糸掛け、機織、その助手、布の仕上工程、洗濯、包装、運搬などに分割しなければならない。そして、織る工程だけをみても、一反を数人で、共同で織っている。でき上がった一反は誰が織ったものとはいえない。

「一人ニテ一反ヲ織出《おりだ》スニアラズシテ、集合力ナル」（「八重山島貢布割付法及ヒ徴収ノ手続」、旧『沖縄県史・21・旧慣調査資料』）。

反布は数人の「集合力」で織られるもので、一人何反というように織られるものではない。

(3) 蔵元の役人も、間切・村ごとに割り当てるだけで、それぞれの村が百姓にどのように負担させているかについては、知らなかった。

「税務係［明治期八重山の蔵元の税務係］ハ、蔵元内ニ於ケル取扱ヲ知ル迄ニシテ、各村取扱ニ至リテハ、詳悉《しょうしつ》スル［とても詳しい］者、至リテ少ナシ」（同上資料）。

(4) 織っている本人はどうかといえば、割当がどれだけで、自分はその内のどれだけを果たしたのか、知っていなかった。

「負担ヲ受ケル正女ニシテ、自己ノ織出《おりだ》スベキ坪数カ幾許《いくばく》ナルヤヲ知ラス。又、之ヲ知ルノ要ナキカ如シ。如何トナレバ、反布ハ他ノ穀類ノ如ク、之ヲ分割スルニ難《かた》ケレハナリ」(同上資料)。「貢布小屋」で作業をしている場合、一人一人がどけだけ織り上げたかは、役人の管理することであり、それぞれ自分でカウントして責任を負っているわけではない。

「之ヲ負担スル正女カ貢布向ニ従事スルハ、概シテ村番所ニ集《あつま》リテ各《おのおの》同一ニ就業スルカ故ニ、仮令《たとい》負担ノ額ヲ各別ニスルモ、一反ヲ分割シテ始終共完成シ難キモノ」である(同上資料)。

「貢布ノ織立ハ自宅ニ於テ之ニ従事スルモ妨《さまたげ》ナシト雖《いえど》モ、概シテ各村番所ニ集リ、共同就業スル者多シ。故ニ、各正女負担ノ坪数ニ定額アルモ、正女自身モ、其織出スヘキ坪数ノ幾何《いくばく》ナルヤヲ知ラサルノ実況ナリト云フ」(「一木書記官取調書」)。

(5)

また、反布は品質を一定水準以上に保たねばならず、そこにはきびしい指導と監督が不可欠となる。

「綛糸《かせいと》ノ調製ニ付テハ、時々之レカ検査ヲナシテ、疎製《そせい》[粗製]ニ流レサレ様ニ注意ヲ与フ。織方ニ付テハ、白上中下布及木綿布ノ如キハ、織女《おりめ》ヲシテ各其家ニ於テ織ラシメ、時々検査ヲ為シ、疎造[粗製濫造]ニ陥ルコトヲ戒《いまし》ムルノミナリト雖トモ、紺細上布及ヒ白細上布、白縮布ハ織女ノ家ニ於テ織ルコトヲ許サス、各村共ニ其ノ村番所ノ構内ニ三、四ノ貢布小屋ヲ設ケ、担当織女及手叶《てかなえ》[テガナイ]ハ毎日爰《ここ》ニ至リテ、村吏カ監督ノ下ニ織立ニ従事セリ。蓋《けだ》シ、此等ノ如キ精工[精巧]ナル反布ハ、常ニ厳重ナル監督ヲ為《な》サヽレハ、疎雑ニ陥リ、貢布トシテ収納セラレサルヲ以《もっ》テナリ」(「沖縄県旧慣租税制度」)。

「各村ニ女頭《ぶなじ》、藍遣《あいづかい》、布晒人《ぬのさらしにん》等ヲ置キ、反布織立方ニ係ル一切ノ業務ニ服セシム。又、其織立中ハ目差以下ノ吏員、常ニ機場ニ臨ミ、織婦ヲ指揮ス」（「仁尾主税官復命書写」）。「地方相当［→担当］吏員ニ於テハ、綛糸《かせいと》ノ精粗、染付ノ度数及《および》其藍色ノ適否、縞柄ノ見本ニ適スルヤ否ヤ、又ハ晒方ノ如何等ヨリ、筬《おさ》、口織《くちおり》、中織ニ至ルマテ、周密ニ検査シ」た（同上）。

六、まとめ

(1) これまで、近世期（一七～一九世紀）の琉球の中で、宮古・八重山にだけは「人頭税」があったとされてきたが、それには重大な疑問がある。人頭税はなかったのである。ただし、「人頭税的」な租税ではあった。それは、宮古・八重山だけのことではなく、沖縄本島地域を含めて共通の租税制度であったのである。

(2) 「人頭税」はなかったとしても、「苛酷な人頭税」といわれてきており、「苛酷な税制」ではあったのではなかろうかという疑問が残るであろう。「それでも機織はつらかったという話や歌がたくさん残っている、上納の検査に合格した時のうれしさも伝えられている」と反論したい方もいるであろう。

織物は正しく織らなければ織らなかったのに等しい。下手な人に織らせても意味がない。だから、上手な人を選んで織らせる。しかも、指導しながら織らせ、きびしく監督する。完成後もきびしく検査する。その「きびしさ」を否定するものではない。ただ、そのきびしさは、すべての人に及んだのではなく、主として「織女《おりめ》」に選ばれた人々に圧《の》し掛かったと考えられる。

また、このことをひっくり返して、「苛酷な税制」だったから「人頭税」はあったはずだというのも論理的でない。それとこれとは別の話、次元の異なる話なのである。「苛酷」だったかどうかということと、「人頭税」があったかなかったかということとは別のことである。「苛酷」であったかどうかについては、主観が入る問題でもあり判定は難しいが、「制度としての人頭税」があったかなかったは判定できる。

(3) 今回私がやや具体的に説明したのは、租税制度のうち貢布の部分だけである。沖縄本島地域で五〇%、先島地域で四〇%を占めている農産物の生産と上納については、まだよく分かっていない。ただ、さとうきびと鬱金《うこん》については、特定の土地での、役人管理の下での労働によって、栽培され、収穫されていたのではないかという想定が確かめられつつある。八重山の「上納田」や、宮古の苧麻畑についても、同様の状況にあった可能性がある。

このことは、先に述べた「地割制度は租税制度ではない」という理解の検証と併行して、今後研究を進めなければならないであろう。

第二章　先島近世の「人頭税」の実態とその意味

ここでは、「近世先島の人頭税と琉球の租税制度」と題して、沖縄国際大学南島文化研究所編『近世琉球の租税制度と人頭税』（日本経済評論社、二〇〇三年）に掲載した拙稿を、表記のように改題して掲載することにする。この論考は、私の初めての本格的な「人頭税」論であるが、第一章でも述べたように、そこではまだ「人頭税はなかった」とは言っていない。しかし、その一歩手前まで考究された段階のものであり、琉球近世の租税制度全般にも触れており、それとの関連で「人頭税」を位置づけたものである。その意味で第一章はこれを要約したものともいえるものである。ここでは第一章との重複を避け、先島ではなく「琉球近世の租税制度全般」に触れた部分を省略して掲げる。

一、琉球近世の租税制度の基本構造

このテーマについては、私はその後、「琉球近世の租税制度」（日本農業史学会編『農業史研究』第41号、二〇〇七年）、

「琉球近世の経済構造」（法政大学沖縄文化研究所編『沖縄文化研究』42号、二〇一五年）を発表している。ここでは南島研編の拙稿からではなく、後者から「租税制度」の部分を掲げる。

租税制度（『沖縄文化研究』42号より）

(1) 石高と無関係な「地租」

明治期沖縄県の調査書「沖縄県旧慣租税制度」（『沖縄県史』21・旧慣調査資料。初出は一八九五年）が示した「地租ノ種類」には、「第一　本租」を、「(1)本島及離島ニ於ケル代掛地租、(2)両先島《さきしま》定額人頭配賦税、(3)久《く》米島《めじま》折衷地租」、以上三つにまとめて示し、他に「第二　付加税」「第三　特別税」を掲げている。

まず、両先島（宮古・八重山）の「定額人頭配賦税」は「人頭（人口）」に懸けるものであり、「地租」ではない。次に、「特別税」の「夫役《ぶやく》銭・夫賃《ぶちん》粟」や「浮得《うきとく》税」も「地租」ではない。このように、人頭税も物産税もともに「地租」と呼ぶのは「当ヲ得サルモノ」であるが、明治一五（一八八二）年一一月、国庫への収入を「内地一般ノ税目ノ下ニ整理」したために「地税」となったのだという（同調査書の注）。

「代掛地租」も、検地に基づく石高基準の租税ではない。まず、薩摩藩から首里王府に対しては、検地に基づく「石高」によって賦課してきた。王府から地方《じかた》への賦課も、一応石高に基づいてくるであろう。しかしながら、調査書「沖縄県旧慣租税制度」は、石高は定めたが、石高に基づいて賦課したのではなく、旧来の貢納をそのまま継承したとしている。

「右知行高ノ定マルヤ、藩庁［琉球王府―来間］ハ従来徴収シタル米・雑穀ノ納額ヲ各村ノ草高ニ割賦シ、高一石ニ対スル税率ヲ定メタリ。蓋《けだ》シ検地ヲ為シ、検見《けみ》ヲ行ヒ、然ル後《の》チ高ニ対スル税率ヲ定メ、貢納ノ額ヲ得ルハ普通ノ順序ナリ。然ルニ当時ノ取扱ハ之ニ反シ、貢租ノ額ハ検地以前ノ侭ニ据置キ、之ヲ石高ニ割付シテ税率ヲ算出シタルモノトス。其結果、各村各地、区々タル税率ヲ見ルニ至リ、高一石ニ対シ、田ハ凡ソ七斗五升六合ヨリ二斗一升迄、畑ハ二斗五升ヨリ九合迄ニテ、其間一定ノ割合ナシ。…此税率ヲ称シテ代《だい》ト唱フ」（句読点を補充した。以下同じ。一九一頁）。

貢租額は、検地の結果示された石高とは関係なく、以前の貢租額をそのまま引き継いだというのである。だとすれば、石高が定められ、文書上はそれに基づいて賦課されていても、石高は地方《じかた》負担の基準にはならなかったことになる。つまり、沖縄本島地域については「代掛地租」であったという調査書自らの規定が、事実として否定されていることになる。

(2) 新里恵二の「石高は租税と無関係」論

新里恵二は「琉球王国の薩摩藩への負担額」（『沖縄史を考える』勁草書房、一九七〇年。初出は一九六一年）の中で、この根拠資料と思われる「御検地之御法集」の記述を紹介している。

「右代作り様は、慶長御検地以前之上納を、田畑共村々慶長之御高を以割付御定被レ置由候。田方七斗五升六合より二斗五升迄、畠方二斗五升より九合迄段々高下有レ之候。中比再検地又は惣御検見等有レ之、代之上ゲ下ゲ為レ有レ之由候」（「仲吉朝忠日記」、刊本『近世地方経済史料』10巻、三一三頁）。

ただし、比嘉春潮《ひがしゅんちょう》・霜多正次《しもたせいじ》・新里恵二『沖縄』（岩波書店・新書、一九六三年）では、同じことを論ずるのに、『沖縄法制史』という別の文献を指示している。

新里は、これによって「特記さるべきことは、租税収取の実務の面では、慶長検地における石高は、琉球内では租税賦課の基準とはされていないことである」。「つまり、検地の後に税率を定め、これを高に掛けて租額を算出したのではなく、検地以前の租額を高に割賦して、各村別の代（税率）を定めたため、ある村では高一石につき租米七斗五升六合、他の村では高一石につき租米二斗一升という、まちまちの税率になったというのである」と述べている（二九二―二九三頁）。

(3)　安良城盛昭の問題提起と、「琉球独自の石高制」説

安良城盛昭「旧慣租税制度」（『新・沖縄史論』沖縄タイムス社、一九八〇年、二八頁。初出は一九七七年）は、この調査書「沖縄県旧慣租税制度」について、次のように指摘している。「この三類型は、実は、首里王府から間切《まぎり》・村《むら》に貢租を賦課するときの基準の三類型であって、現実に貢租を負担する村内レベルでは、沖縄本島においても、幕末期までかなりの貢租部分が**人頭税的**基準によって負担されていたことは、『琉球産業制度資料』に収められている諸史料からうかがいしることができる」。『琉球産業制度資料』は、『近世地方経済史料』第9・10巻に収録されている。

すなわち、この三類型は首里王府から地方《じかた》（間切・村）への課税の基準を示したものであって、地方がそれを受け止めて百姓に賦課する際の、すなわち「現実に貢租を負担する村内レベル」での百姓への賦課は、別の原理で（人頭税的に）なされたというのである。

安良城はまた、続けて次のように述べている。「同様に、宮古島の上納は寛永一一（一六二五）年以後は代掛地租で、寛永一四（一六三七）年から人頭税になったと伝えられる史実も、やはり、首里王府から宮古島に貢租を賦課する基準の変化を意味して」いる、と。つまり、先島だけは人頭税だとされているのは、

首里王府から先島の在番（その長は「頭《かしら》」）へ、そして在番から各間切・村への課税の基準のことなのである。こうして課税されたものが、先島内部の間切・村でどのように百姓に割り当てられたかは、一応別の問題である。

以前の研究者はただ検地がなされた、石高が決まったということしか触れなかった。だから日本近世と同様の石高原理が社会を律していたとの印象を残していた。それに対して、安良城は、この「沖縄県旧慣租税制度」をうけ、『琉球産業制度資料』をも念頭において、次のように積極的に問題を提起した。

「沖縄でも一応は石高制がしかれているのですが、石高制がどの程度定着したかは、一つの検討さるべき問題でして、本土であればある村を取り上げるときには〝何石の村〟として問題になるのですが、沖縄では〈頭数《ず》〉つまり人間が何人いるのか、というのが常に問題になっているのであります。…なぜこのような村の把え方をするのかというと、**人頭税**が貢租徴収の基本様式だったからにほかなりません」（一二頁）。

このように、安良城は、石高制が琉球に布かれたとする、皮相な理解に疑問を呈し、基本的には人頭税ないし人頭税的であったとした。しかしながら、人頭税ないし人頭税的であれば、地税・地租ではないことになるはずであるが、それでも、安良城は「旧慣土地制度」（同上書、一二四－一二七頁。初出は一九七七年）では「石高制にもとづく独自の知行制度」「琉球独自の石高制にもとづく知行制度」といっており、この文章でも「沖縄でも一応は石高制がしかれている」といっているので、知行制度や石高制の独自性を指摘はしたが、石高制であることを否定してはいないことになる（知行制度の独自性については、後で触れる）。

(4) 山本弘文の「擬似石高制」説

石高制の実質的な否定は、山本弘文《やまもとひろふみ》『南島経済史の研究』(法政大学出版局、一九九九年)の指摘が最初のものである。山本は、残存する古文書(主として久米島の名寄帳)を検討したうえで、次のように論じている(この部分の初出は一九八五年)。

「琉球王国の土地制度は、慶長一四年(一六〇九年)の薩摩藩の侵入とそれにつづく慶長検地(慶長一四~一六年)によって、形式的には一応、近世的な石高制下に編入された。しかし慶長検地によって査定された石高」は「農耕や公租・公課・農民作得《さくとく》などの社会的生産や分配の基礎として」「十分機能しなかった」のである。ここに「十分」という語が入っていることに「不十分」さが感じられるが、画期的な提起というべきであろう。「慶長検地によって査定された田畠・屋敷などの面積についても、大きな疑問を拭うことができない。それは慶長検地の際に、…法外な石盛を適用されたにもかかわらず、…地頭地の正米量《しょうまい》が、査定石高を大幅に上回っているからである」(二八―二九頁)。「ところで琉球王国の〈石高制〉のもうひとつの特徴は、農民保有地の定期ないし不定期の割替えのため、名請地と名請人の関係が本土のように固定的でなく、次の割替えまでの一時的なものにすぎないという点である」(二九頁)。地割制度のことを指している。「このような意味において近世の沖縄社会では、石高制は生産と分配の基軸的な制度として機能することができず、また土地所有権の成長を促すようなものとして定着することはできなかったのである」(三一頁)。

しかし、他方で山本は、次のようにも述べている。「慶長検地によって琉球王国に導入された石高制は、適用された石盛が架空に近いものだったほか、畠の高結びを大豆一石＝高一石とするなど、きわめて特異なものであった。そして村々においても名寄帳上の記載とは無関係な、耕地の総有と割替制が存続し、地域によっては久米島のように、頭配分《ず》も行われたのであった。こうした点からいえば琉球王国の石高制は、薩摩藩への出米《でまい》・出銀《でぎん》や、王府への公儀上納の賦課規準として、意味を持ったに過ぎなかったのである」（五一頁）。「沖縄諸島では、慶長検地後も…名寄帳上の石高は、間切や村々の負担総額を定める数値として、意味をもったにすぎなかった」（三〇－三一頁）。

ここには、石高は〈薩摩藩－琉球王府〉間においてだけでなく、〈王府－地方〉間においても意味があったととれる表現がみられる。山本はまた、「琉球王国の石高制」という表現を残してもいる。したがって、「検地によって決められた石高は形式的なものにすぎません」（一九五頁）、「本土的な意味での石高制は沖縄社会ではついに確立しなかったというふうに考えています」（一九七頁）という論理や記述で徹底してはいない。山本自身の総括によれば**「擬似石高制」**となる（あとがき、二二九頁）。

(5)　山本の、「総有地割制」説への転換

石高は〈王府－地方〉間においてはほとんど意味がなく、〈薩摩藩－琉球王府〉間においてのみ意味があったとすべきであり、これを「石高制」と表現すれば、事実認識に大きな歪みを生ずることとなるので、私は「石高は査定されたが、石高制の社会にはならなかった」ことを明確にすべきであると考えてきた。そのことを記した講義ノートを山本に献呈したところ、次のような対応があった。

山本は、その後の論文「慶長検地後の琉球王国の貢租制度」（『経済志林』第七三巻第一二号、二〇〇五年）では

次のように述べて、石高制を明確に否定した。

「生産物貢租の上納責任を条件として、労働管理自体を自己に委ねる石高制度とは、異質のもの」。「間切内の村々は、慶長検地に基づく検地帳や名寄帳の作成後も、引続き固定的な持分を認めない地割制度を維持し、名寄帳にかかわりなく、人頭や一地・二地等の地割配当に基づいて貢租を配賦したのであった」。「先に刊行した小著〔『南島経済史の研究』のこと－来間〕は、琉球王国時代の土地・貢租制度を擬似石高制と呼んだが、今回はあらためてこれを、**総有地割制**と規定し、結びとしたいと思う」（二六一－二六二頁）。

「擬似石高制」という石高制の実質否定は、石高制の全面否定へと展開したことになる。なお、この「総有地割制」と「地割配当に基づいて貢租を配賦した」ということについては、「二　とくに地割制度について」の項で論ずることにしたい〔本書では略〕。

(6) 計算基準としても機能しない「石高」

それでも、建前としての「石高」は残っており、それは〈薩摩藩—琉球王府〉間においてのみならず、〈王府－地方〉間においても「石高」との関連で租税が賦課された。そこにこの問題の理解が一直線にいかない原因があろう。

この点では、山本が述べていたように、「琉球王国に導入された石高制は、適用された石盛が架空に近いものだったほか、畠の高結びを大豆一石＝高一石とするなど、きわめて特異なものであった」のであり、これは「石高」が無意味化されているということである。「沖縄県旧慣租税制度」によれば、次のとおりである。

「元来、高及代押入ハ、田ハ米ヲ以テ、畑ハ麦及下大豆ヲ以テ算定シタルモノナリ」、しかし「実際ニ於テハ、成換品ヲ以テ徴収スルモノアリ、石代ヲ以テ徴収スルモノアリテ、区々一定セス」(二二六―二二七頁)。

「石代」は金納のことであるから、明治に入って以後のことであろう。琉球近世においては「成換品」がほとんどだったことになる。その「成換品ノ種類ハ凡ソ一一種」、そして「其ノ換算率ハ左ノ如シ」としてその換算率を記している。ここでは略する。

ともあれ、本来の税品である米と雑石(=麦・下大豆)で納められるのは、むしろ例外で、多様な「成換品」に換えられる。しかも、粟も米も黍も同格である。この換算率も、山本によれば「大豆一石=高一石」というものもあるようであり、石高は計算基準としても〃いい加減〃であり、有名無実となっていたのであろう。

(7) 間切・村単位に課される租税

〈王府―地方〉間では、その地方(間切・村)の名目石高に対していくらと賦課されてくるであろうが、この流れの中で、当然に、王府から負担額を示された間切(地頭代《ジトウデー》に代表される役人)が、村(掟《ウッチ》に代表される役人)を経由して、さらに与《くみ》(組頭・総代・総聞などと称する者たち)を通じて、百姓に賦課するとき、つまり〈地方―百姓〉間では、石高に基づいては割り当てられなかった。

それはまた、個別百姓の負担額が間切・村ごとに集計されて、間切・村単位に賦課されるのではなく、そもそも間切・村単位に負担額が示される。したがって、貢納の責任は個別百姓にはなく、間切・村にある。課された租税を地方役人が責任を持って、地域の人々を指揮して、租税品を調達して王府に貢納するのである。

「沖縄県旧慣租税制度」は次のように記している。

「現行ノ国税徴収法施行細則ハ、村ヲ以テ納税者ト見倣シテ規定セラレタルモノナリ。従テ、徴税令書ヲ得タル後チ、村内ノ一個人ニ対シテハ如何ナル手続ヲ為シ、又タ村ニテハ如何ナル帳簿ヲ備フヘキカヲ規定セス。蓋シ、旧藩中ニ於テハ、重ニ間切ヲ以テ納税人ト認メ、間切内ニ於ケル賦課徴収ノ事ハ、一切之ヲ間切番所ニ放任シ、唯タ仕明《しあけ》知行・仕明請地《うけち》等ニ付テハ、請地状所有者ヲ以テ納税人ト認メタルモノニテ、要スルニ間切ト個人ト二種ノ納税者アルヲ認メタルノ組織ナリシナリ」（二三九頁）。

これは、明治に入ってからのことと近世のこととを対比して説明している。これによれば、近世における納税の主体は「間切」であった。王府は間切を「納税人」とし、間切内でどのように賦課するかは、一切「間切番所」に任せていたのである。それが明治になって「村」に変わった。ただし、一部の仕明地（一割ほど）については「個人」が負担するものもあった。

このことは、「一木書記官取調書」（前出、『沖縄県史』21・旧慣調査資料。初出は一八九四年）も、個人を納税単位とすることはないとしている（五五四－五五五頁）。また、「仁尾主税官復命書写」（同書。初出も同年）も、村が連帯して貢租を負担するとしている（五六〇頁）。そして、「沖縄県税制改正ノ急務ナル理由」（同書。初出は一八九七年）という文書も、納税者は村としている（五七四－五七五頁）。さらに、「沖縄県土地整理紀要」（同書。

初出は一九〇三年）も、次のようにいう。

「個人ニ対シ土地ノ所有権ヲ認メサルノ結果、…、一般納税主体ハ、間切又ハ村等ノ地人ノ集合ニシテ、地頭代ヲシテ之レカ完納ノ責任ヲ負ハシメ、云々」。「置県後ハ、凡テ間切内ニ於ケル村ヲ以テ納税者トナスニ至レリ」（五九八頁）。

このことは、当然に、滞納処分の困難さと対応している。滞納があってもだれを責めたらいいのか分からないのである。

(8) 租税徴収の実際

それでは、実際の租税徴収はどのようになされていたのだろうか。私が到達した結論を掲げることにしたい（『農業史研究』所載論文、本書二〇頁）。

さて、沖縄本島地域の租税の六割以上を占める砂糖（黒糖）であるが、これは一見「生産物地代」に見えながら、実は「労働地代」なのである。離島地域の反布も同様である。

一六九七年の「法式」に、次のようにある（沖縄県教育委員会『沖縄県史料』前近代1・首里王府仕置、一九八一年、六六頁。カッコ内と読み下しは来間）。

「諸地頭衆の荻《ウージ》［さとうきび］・鬱金《うこん》作立候畠の儀、地頭所の畠［地頭地］にて不足致すに於ては、年貢等の儀熟談致し、請合《うけあい》の上、百姓地へも差付く可きの処、百姓の費障あい拵《こしら》え、作毛の畠理不尽に奪い取り、荻・鬱金植付候故、百姓は月次《つきなみ》の飯米考え相違仕り、迷惑の由候間、以来右体《てい》の仕方堅く禁止致し、康熙《こうき》三一年［一六九二］より申し渡し置き候。いよいよ右の通りあい心得られ、若し違犯の者これ有るに於ては、早速披露致す事」。

「砂糖・鬱金は百姓の頭高に応じ作立られ候。砂糖は百姓一人に付き四斤六〇匁、鬱金は二斤三〇匁ずつ、総地頭・脇地頭は自分嗳《あつかい》の村へ此の員数たるべく、総地頭間切中へは右の半分たるべし。尤、頭高のほか御免の方は別条たるべし」。

この二つの文書から、次のことが分かる。第一、首里に住んでいる地頭たちが、自分の嗳間切・村［担当の間切・村］にある地方役人に命じて、自分の地頭地にさとうきびやウコンを植え付けさせている。第二、さとうきびやウコンの作付は、その地頭地の範囲内に限ることを原則とし、さとうきびの場合は「百姓一人につき四斤六〇匁」に「頭高」を掛けた分が、その地頭への割当額となる。その範囲内で生産するようにして、みだりに百姓地に割り込まないようにと警告している。第三、ただし、例外として、百姓の了解を得て、それ以外の土地にも拡大することが認められているが、地頭たちはその制限を超えて面積を拡大し、百姓たちに迷惑をかけている。第四、この文書は、さとうきびが百姓地ではなく、地頭地に作付けられている例を示している。趣旨からして、産糖地域の地頭地はすべてさとうきびが栽培されていたと考えられる。

ところで製糖施設は次のように設立される。

「凡テ全藩下ヲ通ジテ、一村［間切ではなく村－来間］ヲ範囲トシテ製糖与《くみ》ヲ組織シ、砂糖与［ここでは「製糖」ではなく「砂糖」となっている－来間］ハ砂糖製造場ヲ設立シタリ。此製造場ヲ俗ニ砂糖小屋ト称」する。当時の「砂糖ハ殆ド納糖《のうとう》［王府に納める砂糖－来間］ナリシヲ以テ、其ノ監督ハ間切吏或ハ村吏ヲシテ之ニ当タラシメ、就中直接其任ニ当リシハ惣耕作当《アタイ》及ビ耕作当等ニシテ、其ノ監督頗ル厳重ヲ極メタリ」

（安次富松蔵《あしとみまつぞう》『旧琉球藩ニ於ケル糖業政策』一九三〇年、その後何度か再版されているが、ここでは天野鉄夫《あまのてつお》版、一九七三年による。一〇―一一頁）。

砂糖は（織物や、染料の原料としての鬱金や藍についても）百姓家族個々の生産物として生産され、それが上納されるのではない。貢糖が課された本島地域の大半と伊江島では、砂糖の製造工程は製造場での地方役人監督の下での集団的労働であり、その生産結果が百姓個々に帰属するはずはなく、砂糖は地方役人の責任で上納される。

同様に、貢布が課された離島地域では、その分は指定された織場（布屋または苧積屋《ぶづみ》）での役人監督の下での集団的労働が基本である。

このことを踏まえれば、砂糖という生産物が貢納されていたのは〈王府―間切・村〉間のことであって、〈間切・村―百姓〉間では「労働地代」であったということになる（来間「沖縄経済の歴史的特質」、『沖縄経済の幻想と現実』所収）。

しかし、比嘉春潮《ひがしゅんちょう》は「一六九七（尚貞二九）年、首里王府は砂糖の生産に制限を加え〈百姓頭高《ずだか》に応じ作り立てられ、砂糖は百姓一人に付四斤六〇目《もんめ》づつ〉ということになった。これで見ると、代納糖［米・雑石で納入原則の租税を、砂糖で代納するもの―来間］は百姓には頭高で割り当てられたと見える」（『沖縄の歴史』、全集第一巻、初出は一九五九年、二五三頁）と述べている。比嘉は、砂糖の製造が個人別に割り当てられていたと取り違えたようだ。これを承けて、新里恵二《しんざとけいじ》は比嘉らとの共著『沖縄』（比嘉・霜多正次・新里『沖縄』岩波書店・新書、一九六三年、一〇一―一〇二頁）で「一六九七年には砂糖、鬱金の生産に制限を加え、砂糖は百姓一人につき四斤六〇匁、鬱金は二斤三〇匁ずつと定めた。つまり産額を制限してひとりひとりに定額をわりあてられたわけである」として、より明確な誤謬に陥った。

一方、里井洋一《さといよういち》「近世琉球におけるウコン専売制の起源と展開――夫役がささえるウコン経営」（浦添市教育委員会『琉球王国評定所文書 第一八巻』二〇〇一年）は、このような私（来間）の議論を補強した。

「一六九七年『諸間切法式帳』［私の引用した「法式」のこと―来間］以前の地頭層による砂糖・ウコン経営は次のようになされていたといえよう。①地頭たちはサトウキビやウコンを地頭地で栽培し、状況によっては地頭地のみならず百姓地でも栽培していた。②砂糖やウコンの製品化は地頭層の下知によって、地域（間切もしくは村）の労働力（遣夫《つかいぶ》）が使役された。③王府はウコンや砂糖の製品化における労働力（遣夫）投与の仕方を丸一日労働（日暮遣《ひぐらしづかい》）と定めたが、毎日の量と段取り（日例）を決めて製品化している地頭もいた」。③の条項には、私は触れていない。「砂糖においてもウコンと同様、各村に一定のまとまったさとうきび畑が二、三年ごしに場所移動で設定され、出荷までの仕事を細かく分節化して夫役、強制労働による経営がおこなわれたと私は考えている」。

里井は、次のように結んでいる。

「来間泰男はこの安良城盛昭の議論［引用略］をうけて〈王府―地方役人〉間では生産物地代であっても、〈地方役人―百姓〉の間では労働地代＝夫役であったと論じている。また来間は直接の夫役の割合も大きいと指摘している。まさしくウコン栽培はその直接の夫役の例にあたる」。

二　先島の「人頭税」

(1)　先島でも「王府－在番・頭－村」と「村（役人）－百姓」は別問題
このような沖縄本島地域の土地制度と租税制度への認識を踏まえて、先島のそれの特殊性を考えることが必要であろう。

そもそも、先島だけは人頭税だとされているのは、先にも見たように、首里王府から先島への賦課の基準が人頭だったということ、すなわち、先島へは土地ではなく人口を基準に賦課され、各間切・村に対しても人口を基準に賦課されたということである。しかしながら、このようにして賦課されたものが、先島内部の各村でどのように百姓に割り当てられるかは、一応別の問題である。このことは沖縄本島地域の場合と同様である。

(2)　当初は「代懸地租」だったとされている。「御当国御高並諸上納里積記《りづもりき》」（以下「里積記」）に「宮古嶋上納之儀、寛永二乙丑（天啓五）年、玉那覇《たまなは》親雲上《ペーチン》渡海ニて物成究《ものなりきわめ》之時、代懸《だいがけ》を以《もって》納粟弐千百五拾四石五斗二升二才取立有之。右之内より反物御用分ハ御買入之筋ニ被仰付置候」とある。また「八重山嶋上納之儀、以前納米取立様然《しか》と不相見得《あいみえぬ》由《よし》候」ともある（初出一八世紀半ば。『那覇市史』資料編・第1巻の2、一九七〇年、所収、二八頁）。
一六二五年（寛永二年、天啓五年）の「物成究め」すなわち貢納額査定により、「代懸（代掛）」すなわち石高に一定の比率を掛けて、粟を二一五四石余取り立てた。このうちいくらかは反物の購入に充てられた。八重山ではこのころ米を取り立てたのか、よく分からない。

これは、それ以前（検地から一五年ほどの間）は、租税徴収がなかったことを想像させる。また、この時の取り立てによって額が確定し、その後しばらくは継続したものと即断すべきでもない。そして、最も注意を要することは、次のことである。

「代掛（地租）」は、沖縄本島地域でも末端では不可能だったのであり、その意味は、慶長検地で定められた石高を基準に、総額が査定されたということにとどまるであろう。代掛が個別の土地ごとになされ、それが集計されて二一五四石が査定されたとは考えられない。

(3)　一六三四年から人口基準となり、一六五九年からは定額となる。「里積記」は次のように続ける。

「寛永拾（崇禎九）丙子年、御当国初て人数改有之《これあり》。其翌年より頭懸《ずかけ》之配当ニ被仰付置《おおせつけられおき》候。其以来四ケ度之改《あらため》迄ハ、人数ニ応し穀物反物多少有之候」。

一六三三年（寛永一〇年、崇禎九年）、宮古島で初めて「人数改め」すなわち人口調べがあり、翌年（一六三四年）から「頭懸（人口割り）の配当」を申し渡した。以後四回の人口調べがあり、その数に対応させて、穀物や反物を増減した。

ここに「人頭税」が始まるとされている。しかしこれも、宮古の貢納額（総額）がその人口を基準に決められたということを示しているだけである。「沖縄県旧慣租税制度」は、

「当時如何ナル方法ニ依リテ賦課シタルモノナルヤハ、今日ノ記録ニ見ルヘキモノナシ」と断りつつも、「一人ニ付キ何程ト云フ定率ヲ定メ賦課シタルモノ」と推定している（一九二頁）。この推定は、「一人当たり粟何石」という基準を定めて、それに人口を掛けて総額を決定したということで、「一人当たり粟何石」**ずつ**賦課したという意味ではない。つまり、慶

長検地の石高を基準とするのではなく（それは宛てにならないので）、人口を基準に総額を定めたということである。「王府－在番・頭－間切・村」では「人頭税」かもしれないが、「間切・村（役人）－百姓（一部、士族を含む）」では「人頭税」とは限らない。

ところで、これが二五年後には「定額」に固定されることになる。

「万治二巳亥（順治十六）年、喜屋武《きやん》親方《ウェーカタ》渡海ニて物成究《きわめ》之時、穀物・反物・雑物とも人数増減無構《かまいなく》量数御定」（「里積記」）。

一六五九年（万治二年、順治一六年）の「物成究め」すなわち貢納額査定の時、穀物・反物・雑物とも、人数の増減に関係なく固定数量が定められた、という。この「定額人頭税」あるいは「定額人頭配賦税」も、「王府－在番・頭－間切・村」でのことであって、「間切・村（役人）－百姓」では「人頭税」ではない。

その額は「沖縄県旧慣租税制度」によれば、宮古の場合は次のとおりである（一九二頁）。

粟　三三六七石
　うち粟納　一一五〇石（口粟《くちあわ》＋斗立《とだて》＋蔵役人心付＋重出米）
　　反布納　二二一六石相当分（白上布二四〇一疋《ひき》＋白中布一六七反＋白下布二四七一反）

また、八重山の場合は次のとおりである（一九三頁）。

米　二二八〇石
　うち米納　八〇七石（＋口米＋斗立＋蔵役人心付＋重出米）
　　反布納　一四七二石（＋口米）相当分（白上布一二二六疋＋白中布四六反＋白下布二二七二反）

ただし、両島とも王府からの注文で、幾分かは細上布・縮布・木綿布（以下「細密布」と呼ぶことにする）に換えられる。宮古島で例示すれば、表１のようになる（二三八―二三九頁）。

この額がその後明治に至るまで、二四〇年間も固定されたのである。

(4) 「里積記」の「頭懸之致様」をどう考えるか。その時、「頭懸」の仕方が提示されている。

「頭懸之致様ハ、村々地方上・中・下ニ応し、穀ニ上・中・下を付《つけ》、又布ハ唐苧敷之上・中を究て布ニ上・中を付、又男女之上・中・下・下々四段ニ差分ケ、石〔位―来間〕上之村上男女一四部、位《くらい》中之村一二部、位下之村一〇部頭ニ〆《て》下男女迄二部引ニて、下々男女ハ四部ニ定メ、布上之村上男女一二部頭ニ〆、右之格ニ準し候」（「里積記」。「沖縄県旧慣租税制度」にはやや簡略な記述がある、一九三頁）。

表１　1635年の石高12, 458石に対して

本来の規定	実際の粟納	反布への換納	粟納の比率
粟納　3,301石起	1,127石	2,173石	34.10%
口粟　66石	22石	43石	33.30%
重出米　466石	466石		100.00%
斗立・蔵役人心付　766石	323石	443石	42.20%
合計　4,599石	1,939石	2,659石	42.20%
反布に換納	実際の反布納	細密布への換納	細密布の比率
白上布　2,411疋	790疋	1,621疋	67.20%
白中布　116反	55反	61反	52.60%
白下布　2,471反	294反	2,177反	88.10%
換納される細密布の内訳			
20桝紺細上布　100反			
18桝細上布　30反			
17桝細上布　1,001反			
白細上布　182反			
白縮布　10反			
白木綿　168反			

頭懸の仕方は、村々の位の上・中・下を穀物の上・中・下とし、「唐苧《とうちょ》」（からむし）畑の位の上・中を反物の上・中とし、また男女の位も上・中・下・下々の四段に分け、位が上村の上の男女は一四部、位が中村の上の男女は一二部、位が下村（の上の男女）は「一〇部頭」というようにして、位が下の村の下の男女まで、順次「二部引き」とし、位が下の村の下々の男女は四部と定め、反物が上の村の上の男女は「一二部頭」として、穀物の各付けに準じることとした、という。

また、人を「上・中・下・下々」と位付けすることについては、正徳元年（一七一一年）から年齢によることとした、という（引用文、略）。

ここに示されている「頭懸の仕方」とは何だろうか。それは、貢租額を決定する基準としての人口評価の仕方を示したものであって、王府の指示を受けた在番・頭が、間切・村に割り当てるときの指針と見るべきものである。なぜなら、地方役人がその百姓たちに租税をどのように配分するかについては、村に一任していたのであり、在番・頭も干渉しなかったのであるから。

これを、実際に、村々で与えられた村位を前提に、個人を年齢で評価して、個人別の割当額を査定したと見るべきものでもない。なぜなら、村ごとの貢租額は固定していて、その必要もないし、米粟はともかく、反布は個人別に負担額を区分することはできないものだからである（後述）。

（5）「人頭税」のうちの穀物納

先島の「人頭税」のうち、（夫役を除く）物品納の三四〜四二％が米（八重山）や粟（宮古）であり、残り六六〜五八％が反布である。したがって、米粟納と反布納と、それぞれについて検討する必要がある。

まず、米納と粟納は、個別の百姓がそれぞれに生産したものの中から上納したという固定観念を疑うことから検討しなければならない。すでに沖縄本島地域の場合でみたように、そこでは、個別の百姓がそれぞれに生産した穀物の中から、自分の責任で貢納するのではない可能性があった。まして先島においておや。八重山には「上納田」があったし、宮古の苧麻《ちょま》は共同の土地で栽培されていたという。これらは大きなヒントではなかろうか。

「沖縄県旧慣地制」によれば、宮古には「田畠」、八重山には「自分田畠」「上納田」があるとされる。しかし、これらは本島地域の「百姓地ニ異ナルコトナシ」「性質ニ至リテハ、即チ一般百姓地ト同視セサルヲ得サルナリ」と判定している。ただ、その実態については「宮古・八重山ハ、中古ヨリ人頭税ノ変例ヲ施行シタルヨリ、自然、土地ハ間接ノ税地トナリ、其開墾《かいさく》、耕耘《こううん》モ亦、放任ノ制トナレリ」という（『沖縄県史』第21巻、一五七頁）。すなわち、税は土地を基準に掛けられたものではないこと、開墾をしたり耕耘したりすることについては「放任」されていた、王府や在番は干渉しなかった、という。

そして「上納田ノ如キハ、民ノ任意ニ出タルモノニシテ、官ノ認メサル処ニ属スルモノナ」る、これもすなわち、上納田というものについても、王府や在番は干渉しなかったが、「民」が自ら定めたものである、としている（一五七頁）。この「民」は、百姓レベルというよりは、以下に見るように、地方《じかた》役人の主導による村レベルでのことと考えるべきであろう。

同じ「沖縄県旧慣地制」の土地一覧表では、次のように記されている。「田畠」と呼ばれるものは宮古島と八重山島にしかない。「地目」としては、宮古島は「田畠」、八重山島は「自分田」と「上納田地」の区分がある。「耕作ノ種類」をみると、宮古島の「田畠」は「米・粟外一〇種余」、八重山島の「自分田」も「宮古同様」とあり、作物の種類はさまざまであるが、八重山島の「上納田地」は「米」に限定されている。そして、「地割ノ慣行」をみると、前二者は「ナシ」だが、八重山島の「上納田地」は「正男女ノ増減ニ依テ、毎年割替ヲ為ス」とある（一六七頁）。これは、この土地が上納に関わるものであること、具体的には、上納用の米の生産に充てられる土地であることを示している。その利用方法は地割するとある。先の記述と統合して考えた場合、そこでは地方役人の管理下で労働がなされる姿が想定できよう。

(6) 八重山の「上納田」

「上納田地」の割替方法については、「一木書記官取調書」が説明している。

「上納田ハ…年々割換ヲ為スモノトス。其割換方法ノ一例ヲ挙クレハ、世持《よもち》・田ボサ等協議シ、土地ヲ上・中・下ノ三等ニ区別シ、上田ハ幾〈ヤセル〉、中田・下田ハ幾〈ヤセル〉ヲ以テ、正男一人分トナスヤヲ定メ、一偶ノ原《ハル》〔畑のこと―来間〕ヨリ住居番地ノ順序ニ従ヒ一人分宛ヲ取り、漸次分配ヲ了スト云フ。上納田ハ、売買ヲ許サス。毎年割替ヲ為スカ為、瑣少《さしょう》ノ異動ヲ生スルモ、一々畦畔《けいはん》ヲ変スルニ由《よし》ナシ。故ニ、樹木ヲ横《よこた》ヘテ、以テ畦畔ニ代《か》フト云フ」（五四六頁）。

割替えは、「世持」「田ボサ」などの地方役人が協議して決めている。八重山島には「世持」が七三名、「田ボサ」が四八名いた（「沖縄旧慣地制」八八頁）。それは村ごとにいたであろうから、村ごとに役人が協議して配当したということになる。

なお、仲吉朝助も次の記録を残しているが、平等分割であったとしている。

「八重山島白保《しらは》村外一一村は地割替期の旧七月に、地割すべき田の総収穫を調査して、二一歳より五一歳までの男女に平等に配当す。例へば其総収穫二〇〇石にして男子数五〇人ある場合には一人に付き稲四石を収穫する田を配当するが如し」。

そもそも米は、庶民の口にはなかなか入らないはずのものであり、生産の時点から上納用として取り組まれていたし、特定された上納用の田（それが上納田）があり、役人管理の下でそれが配分され、そこを耕作する百姓が決められた。そこでは、実際の作業も役人の監督下に置かれていたであろう。

(7) 宮古の「共同敷地」・「役人ノ鞭撻《べんたつ》」・「与合《くみあい》」作業

宮古に関しては、それぞれ断片ながら、次のような記述が注目される。

「麻苧《まちょ》及藍ハ共同敷地アリテ、一村ノ正男交代之ヲ耕作シ、其不足スルモノハ、正男女ニ割賦《かっぷ》シ、之ヲ供給ス」（「一木書記官取調書」五七一頁）。

織物の原料になる糸と染料の（少なくともその一部の）生産は、共同の敷地で、共同で働いて作っていたのである。

「其［粟の―来間］収穫ハ纔《わずか》ニ貢租ニ充《あ》ツルノ外、殆ト余裕ナキカ故ニ、人民ハ役員ノ鞭撻ヲ受クルモ、尚其耕耘ヲ怠リ、農業ノ発達毫《ごう》モ望ミナシト云フ」（「仁尾主税官復命書写」五四七頁）。

粟はほとんどが貢納用であるので、役人の監督の下で耕作しているが、人々は熱心には働かない、という。

「米粟苅取又ハ年貢粟摺《あわすりこしらえ》拵ノ節ハ、各《おのおの》隣所中与合《くみあい》、無賃ニテ補助ス」（「沖縄旧慣地方制度」一三七頁）

米や粟の収穫時や、年貢の粟を摺り拵えるときは、隣近所の人が集まり共同で仕事をして、賃金をもらったりはしない、という。

これらのことは、宮古島における麻苧、藍、粟の生産は、同様の体制にあったことを予想させる。つまり、これらの上納用あるいは上納に関連する畑は特定されていて、そこで役人の監督を受けつつ作業していたのではなかったかということである。

(8) 個人別に分割できない反布の生産

次に、「人頭税」のうち、（夫役を除く）物品納のもう一方、反布の生産を検討しよう。宮古と八重山ではこれが租税のほぼ六〇%を占めている。

そもそも織布作業は、自分の家で個別になされるのは一部で、多くは役人の監督している織り場で作業をしている。

「宮古島ニ於テハ成換反布ヲ除キテハ、正女ノ自家ニ於テ織立ニ従事スルコトヲ許スモ、本島「八重山島－来間」ニ於テハ必ス貢布小屋ニ至リテ織ラシムルコト、ナレリ」（「沖縄県旧慣租税制度」二五六頁）。

「反布ノ織方ハ、白上中下布ハ村民各々自家ニ於テ之カ織立ヲナスト雖《いえども》、紺及白ノ細上布、縮布、木綿布ハ然《しか》ラス。各自其負担スヘキ数量ニ当ル原糸（綛《かせ》）ヲ携帯シ、各村ノ番所（村役場）ニ参集シ、諸方、染方、絣ノ結《むす》ヒ方ヨリ織立ニ至ルマテ、番所ニ於テ之ヲナサシム」（「仁尾主税官復命書写」五三五頁）。

このような換納布（細密布）が多くの部分を占めていることは、前に見た。

織物には、多様な労働が必要であり、例えば一反の織りは一人では完結しないし、また一人に何反という画一的で、単純な割当はできない。人々の労働を糸原料（苧麻）の生産、糸紡ぎ、染色原料の生産や調達、晒《さら》しや染色、織機への糸掛け、機織、その助手、布の仕上工程、洗濯、包装、運搬などに分割しなければならない。

「一人ニテ一反ヲ織出スニアラズシテ、集合力ナル」（「八重山島貢布割付法及ヒ徴収ノ手続」。「沖縄県旧慣租税制度参照弐」のうち。『沖縄県史』第21巻、四二〇頁）。反布は数人の「集合力」で織られるもので、一人何反というように織られるものではない。蔵元の役人も、間切・村ごとに割り当てるだけで、それぞれの村が百姓にどのように負担させているかについては、知らなかった。「税務係［明治期八重山の蔵元の税務係―来間］ハ、蔵元内ニ於ケル取扱ヲ知ル迄ニシテ、各村取扱ニ至リテハ、詳悉《しょうしつ》スル［とても詳しい］者、至リテ少ナシ」（四二〇頁）。織っている本人はどうかといえば、割当がどれだけで、自分はその内のどれだけを果たしたのか、知っていなかった。

「負担ヲ受ケル正女ニシテ、自己ノ織出スベキ坪数カ幾許《いくばく》ナルヤヲ知ラス。又、之ヲ知ルノ要ナキカ如シ。如何トナレバ、反布ハ他ノ穀類ノ如ク、之ヲ分割スルニ難《かた》ケレハナリ」（四二一頁）。「貢布小屋」で作業をしている場合、一人一人がどけだけ織り上げたかは、役人の管理することであり、それぞれ自分でカウントして責任を負っているわけではない。

「之ヲ負担スル正女カ貢布向ニ従事スルハ、概シテ村番所ニ集リテ各同一ニ就業スルカ故ニ、仮令《たとい》負担ノ額ヲ各別ニスルモ、一反ヲ分割シテ始終共完成シ難キモノ」である（四二一頁）。「貢布ノ織立ハ自宅ニ於テ之ニ従事スルモ妨《さまたげ》ナシト雖モ、概シテ各村番所ニ集リ、共同就業スル者多シ。故ニ、各正女負担ノ坪数ニ定額アルモ、正女自身モ、其織出スヘキ坪数ノ幾何《いくばく》ナルヤヲ知ラサルノ実況ナリト云フ」（『一木書記官取調書』五八七頁）。

また、反布は品質を一定水準以上に保たねばならず、そこにはきびしい指導と監督が不可欠となる。「綛糸《かせいと》ノ調製ニ付テハ、時々之レカ検査ヲナシテ、疎製ニ流レサル様ニ注意ヲ与フ。織方ニ付テハ、白上中下布及木綿布ノ如キハ、織女ヲシテ各其家ニ於テ織ラシメ、時々検査ヲ為シ、疎造ニ陥ルコトヲ戒ムルノミナリト雖《いえ》トモ、紺細上布及ヒ白細上布、白縮布ハ織女ノ家ニ於テ織ルコトヲ許サス、各村共ニ其ノ村番所ノ構内ニ二三、四ノ貢布小屋ヲ設ケ、担当織女及手叶《てかなえ》［テガナイ］ハ毎日爰《ここ》ニ至リテ、村吏カ監督ノ下ニ織立ニ従事セリ。蓋《けだ》シ、此等ノ如キ精工［精巧―来間］ナル反布ハ、常ニ厳重ナル監督ヲ為サ丶レハ、疎雑ニ陥リ、貢布トシテ収納セラレサルヲ以テナリ」（『沖縄県旧慣租税制度』一二四四頁）。「各村ニ女頭、藍遣、布晒人《ぬのさらしにん》等ヲ置キ、反布織立方ニ係ル一切ノ業務ニ服セシム。又、其織立中ハ目差以下ノ吏員、常ニ機場ニ臨ミ、織婦ヲ指揮ス」（『仁尾主税官復命書写』五四二頁）。「地方相当［担当―来間］吏員［地方役人―来間］ニ於テハ、綛糸ノ精粗、染付ノ度数及《および》其藍色ノ適否、縞柄ノ見本ニ適スルヤ否ヤ、又ハ晒方ノ如何等ヨリ、筬《おさ》、口織、中織ニ至ルマテ、周密ニ検査シ」た（五四七頁）。

(9)　「人頭税」は「悪平等」ではない

「人頭税」は「悪平等」であるとして非難されているが、実態はそうではない。そこにはたくさんの免除者がおり、実状を見て割り当てられていたものと考えられる。

その免除者には、五〇歳以上の者、一五歳未満の者、特権的な役人、その妻、祭祀者、多子者、産子者、老人介護人、廃疾者、脱走者、特殊な技術者・専門家などが含まれる。

宮古島の場合、

「免除ノ特典ヲ有スル者二種アリ。第一種ハ、吏員若クハ其家族子孫等ニシテ、其負担額ハ之ヲ全島ノ正人ニ配賦スルモノトス。…第二種ハ、各村限リニ於テ免除スル者ニシテ、其税額ハ村内ニ配賦スルモノトス。即チ左ノ如シ。老人、介抱人、二子ノ母、方輪者《かたわもの》)」(「沖縄県旧慣租税制度」二四〇頁)。

八重山島の場合、

「免除ノ特典ヲ有スル者アリ。左ノ如シ。①頭、首里大屋子、与人、蔵筆者トナリタル者ハ在職中ハ勿論、免職トナルモ夫婦共終身及《および》其子孫ノ内二人。②目差ノ職ニ就テハ在職中ハ勿論、免職トナルモ夫婦共終身。③医道稽古人夫婦、産婆大阿母。④廃失者。⑤村筑、掟阿母、佐事阿母。⑥女頭、藍遣、布晒、旧在番筆者ノ旅妻(以上ハ、細上布ニ限リ之ヲ免除ス)。⑦壷瓦細工人、仲間村加子、富崎観音堂番人。⑧多子者夫婦(五子以上)、三年免税者(出産ヨリ三ヶ年間)(以上、二種ノモノハ反布ヲ免ス)」(二五二頁)。

これらに関しては、「沖縄県旧慣租税制度参照　弐」に「宮古島免税表」(三七四―三七五頁)と「八重山島免税者取調書」(四一〇―四一一頁)が収録されている。

「沖縄県税制改正ノ急務ナル理由」は「旧慣税制ノ欠点」の「人頭配賦税」の項で、その欠点の二番目に「免税者ノ甚タ多キコト」を挙げている。それも「身体ノ故障又ハ不時ノ災害等、実ニ止ムヲ得サルニ出ツルノ免除者」ならいいが、それは「甚《はなは》タ少数」であって、多いのは「旧官吏若クハ其家族」だという(五七三頁)。

このことは、王府からは固定した頭数によって総額が指定されてくるし、蔵元でも村単位にそのようにするが、現場ではそれを画一的に人頭割にするのではなく、柔軟に運用していた様子を示している。役人は、王府・蔵元への責任を果たすためと、他方では百姓の間で不公平からくる不満が生じないようにするために、一人一人の能力や、性格や、実状を踏まえて、各種の労働を割り当てたことであろう。もっとも、沖縄本島地域でもそうであるが、これら役人が恣意的に運用しようとすれば、不可能ではない。しかし、多くが集団的な作業であり、一部において個々の百姓への割当があっても「画一性」「悪平等」の入る余地はほとんどない。

(10) 織りの上手な人に負担がかかる
反布は、織りの上手な人に負担が集中する傾向を生む。

「単ニ綛《かせ》ノ配賦ヲ受クルモノハ其ノ負担軽ク、織方ニ妙ヲ得タルモノ程、困難ナル絵型ヲ担当セシメラル、ヲ以テ、重キ負担ヲ受クルノ結果トナレリ」。

そこで「苦労米」などの奨励策がとられるが、それを
「名誉トシテ好ムモノアリ、又其ノ労力ノ多キヲ厭《いと》ウモノアリ、一様ナラス」(「沖縄県旧慣租税制度」二四四頁)。

「縞柄ノ難易ヨリ、各自ノ負担平均ヲ得サルモノアルヲ救ハンカ為メ、蔵元ニテハ各村調製済ノ上、品質ヲ四段ニ分チテ、毎段ノ各本付人ニ苦労米ヲ給シテ、以テ奨励トセリ」(二五六頁)。

「換納布ハ、白上中下布ノ如ク織立容易ナラス。之ヲ各自ニ任《まか》セ難キヲ以テ、原糸即チ綛ヲ分賦シ、織立方ハ織婦ヲ撰定シテ之ニ充《あ》テ、其負担スル所ノ原糸ヲ免除ス。又、手叶《てかなえ》[テガナイ]ト称シ一機ニ

一人宛《ずつ》ヲ撰定シテ、織婦ヲ補佐セシメ、兼テ将来織婦トナルノ練習ヲ為サシム。其負担スル所ノ原糸ハ半額ヲ免除ス。織婦及手叶ノ数ハ、現時合セテ一三〇〇余人トス。織婦ハ織方ノ最モ巧《たくみ》ナル者ヨリ、与人之ヲ命シ、辞スルコトヲ許サス。又、織方ノ最モ難《かた》キ者ハ、織婦ノ最〔モ〕巧ナル者ヲシテ之ヲ担当セシム」。

そこで「苦労米」などの若干の恩典があるが、

「固《もと》ヨリ之ヲ以テ充分ノ報酬トナスニ足ラサルナリ」。時代の進展とともに「織婦ト一般正女ノ間、負担ノ不権衡《ふけんこう》愈々大ナルニ至レリ」（「一木書記官取調書」五七二頁）。

⑾　人頭税制度内部の矛盾

「人頭税」といわれる制度が、以上のようなものであったとしても、その下で暮らす人々にとって、矛盾のないものであったとはいえないであろう。

例えば「沖縄県税制改正ノ急務ナル理由」には、「宮古、八重山両郡税制ノ欠点」として、①「村位ノ実際ト適合セサルコトナリ」、②「免租者ノ甚タ多キコトナリ」、③「反布賦課ノ甚タ公平ヲ失スルコトナリ」の三点を例示している（五七三―五七四頁）。

①は、二三四年も前に決められた「村位」がずっと変更されることがなく、現実との乖離《かいり》が大きくなっていること、である。②は、すでにみた。③は、更に四点に分かれる。第一は、反布には難易の差があるが、難しいものは「平民正女」に、やさしいものは「士族」に割り当てていること。第二は、平民と士族の負担反数が固定していて、人口の増減に関係がないこと。第三は、村や島ごとに負担反数が固定

していて、人口の増減に関係がないこと。第四は、織女《おりめ》には技量の高い者と低い者があるが、高い者に負担が集中する傾向があること。これもすでに触れた。

これらのことが矛盾を生み、人々の不満を募らせていった可能性はある。

(12)「人頭税は過酷だったのか」

もしも「人頭税は過酷だったのか」と問われるとすれば、その回答は次のようになる。

①先島地域の租税制度は沖縄本島地域のそれとの実態上の差異はほとんどなく、②実質は「悪平等」の「人頭割」としては課税されておらず、人々の実態を考慮して個別的に作業や作物生産を割り当てていたのであり、③前提なしに「過酷な人頭税」という、単純で、情念的な評価は排除されなければならない、④かといって、それを逆転させて、直ちに「過酷ではなかった」とすることも、慎まなければならない。なぜなら、いかなる租税制度も「過酷でない」との評価はふさわしくないからである。

三、先島の生産力の低さ

(1)琉球の近世期では石高制は布《し》けなかった

薩摩藩は、琉球を支配するにあたってまず検地を実施し、それに基づいて「知行高」約九万石を尚家《しょう》に与えた。しかし、そのことによって支配の原理が「石高制」によって律せられるようになったのではない。「沖縄諸島では、慶長検地後も個々の農民に対する耕地の配当や公課の賦課は、地割制度にもとづいておこなわれ、名寄帳上の石高は、間切や村々の負担総額を定める数値として、意味をもったにすぎなかったのであった」、「近世の沖縄社会では、石高制は生産と分配の基軸的な制度として機能することができず、また土地所有の成長を促すようなものとして定着することはできなかったのである」（山本弘文『南島経済史の研究』三〇－三一頁）。

それから一二五年後の一七三四年に、蔡温《さいおん》が地割制度を廃止して石高制を布《し》こうとしたが、それでも実行できなかった。地割制度を廃止するには、個別百姓の経営としての自立が進んでいることが前提になるが、沖縄ではその域に届いていなかったのである。この点とその理由については、すでに紹介した。そのとき引用した文章に続けて、山本弘文は次のように述べている。

「石高制を適用する際には、まず耕地面積を丈量《じょうりょう》します。要するに、石高制が成立するためには、耕地面積がかなり安定していなければなりません。自然災害があって、多少田畑が流れても、大部分の耕地は安定していることが必要です。それから、畑と田んぼの地目もはっきり決まっていて、安定していなければなりません。また、石盛《こくもり》をして、石高査定を各耕地についておこないますが、収穫量が安定していないと、やっても意味がないわけです。そういう条件がないと石高制は確立しませんが、沖縄では自然災害が非常に激しく、耕地面積や地目、収穫量の安定性を期待することはできませんでした。そして強い共同体的な結合関係がないと、村落の再生産も不可能でした。そういうところでは、石高制を確立することは不可欠〔不可能－来間〕だったのではないでしょうか。したがって、蔡温の禁止令にもかかわらず、石高制はついに貫徹せず、地割制を禁止できなかったのではないかと思います。そして地割は、明治三二年の土地整理事業まで続きました。ですから、本土的な意味での石高制は沖縄社会ではついに確立しなかったというふうに考えております」（「島津侵入後の久米島の土地制度」、『沖縄文化の古層を考える』、一九八六年、法政大学出版局。のち『南島経済史の研究』に所収、一九六一一九七頁）。

単に生産力水準が低いだけなら、「低い」代掛けにすれば石高制が成立するかもしれない。しかし、沖縄の場合は、それに加えて「不安定」なのである。このため、「石高制に固有な名請《なうけ》人と名請地の永続的な結合関係」が成立しなかった（山本）。歴史的な発展段階が、石高制を受容するところまで到達していなかったというべきであろう。

(2) 先島地域の土地利用は水準が低く、流動的でもあった

沖縄本島地域がそれなりに土地を基準に課税され、先島地域が「人頭」を基準に課税されたのは、いずれも王府から地方《じかた》への課税の基準であることはすでに述べたが、この違いはどこからきたかという問題がある。

それは、沖縄本島地域が土地の面積や生産力を一応計量できたのに対して、先島地域ではそれが困難であったことを反映しているものと考えられる。それは生産力が決定的に低く、低度利用の面積が多く、かつ耕境が判然とせず、耕作されたりされなかったりする流動的な部分が大きかったからであろう。

「沖縄旧慣地方制度」では、「内法」のうち「宮古島、八重山島」の個所で、

「困窮ニ迫リ、畠地持不足ノ者ハ、村中ニテ原野等開墾附与シ、難儀及ハサル様取計《とりはから》フ」（『沖縄県史』第21巻、一三七頁）

と記している。これは、土地の所有と利用について、おおらかな状況を予想させる。

「一木書記官取調書」は、明治期の宮古の土地について次のように述べている。

「田畠宅地ハ、島民間ニ於テハ、自由ニ売買譲与シ及抵当トナスコトヲ得《う》。島民外ニ売渡譲渡スハ、別ニ禁止ノ明文ナシト雖トモ、習慣ニ依リ絶《たえ》テ此事ナシト。売買ハ証書ニ由《より》テ之ヲ行ヒ、別ニ地券ニ類スルモノナシト雖トモ、証書ニハ売主ノ親族連署シテ、之ヲ証明スト云フ。然《しか》レトモ、土地ノ境界判明ナラサルヨリ、争論ヲ生シ、警察署ノ説諭ヲ要スルモノ少《すくな》カラス。未開墾地ハ、村民ハ随意ニ之ヲ開墾スルヲ得《う》ヘシ。開墾成功スルトキハ、開墾者ノ所有ニ皈《かえ》シ、開墾後二、三年間土地ヲ荒蕪《こうぶ》ニ付スルトキハ、他人ノ占有スル所トナルモ、之ヲ争フヲ得ス。之ニ反シテ、旧来ノ耕地ニ付テハ、永年之ヲ捨《すて》置キ、荒蕪地タルノ実蹟具備スルニ非《あら》サレハ、他人之ヲ占有シ自分有トナス能《あた》ハス。未開墾地ト雖トモ、他村人ニハ一切開墾ヲ許サス。是、他村人ヲシテ開墾セシムルトキハ、其土地他村ノ有ニ帰スルカ故《ゆえ》ナリト云フ。蓋《けだ》シ、島民ノ思想、所有権ト管領《かんりょう》権［支配権、すなわち利用権－来間］トヲ混同セルナリ。故ニ、他村人ノ開墾セントスルモノハ、村民ノ承諾ヲ経《へ》、若干ノ叶米《かのうまい》［小作料－来間］ヲ村ニ納メテ、土地ヲ借《かり》受クルヲ要ス」（五四五頁）

ここには、土地の境界がはっきりしないこと、未開墾地があり、そこを開墾することは自由であること、開墾したら自分の土地になること、開墾したが荒蕪化したら他人が耕してもいいこと、古くから耕している土地であっても、荒蕪化させたら他人のものになることがある、などのことが述べられている。これは土地の低度利用を予想させるもので、そのような例は国頭地方にもある。「喰実《くいみ》畑」である。そこでは、土地を基準とした課税はできなかった。

「国頭地方、山林多ク耕地少キ間切《まぎり》ニ於テ、藩制中［明治以前－来間］許可ヲ受ケ開キタルモノニシテ、所ニヨリキナハ畑、山野畑、明替畑《あきかえ》等ノ名称ヲ用《もち》ユ。其多クハ切換畑《きりかえ》ナリ。百姓地ト同シク地割ヲ為スモノアリ、否ラサルモノアリテ、一定セス。未《いま》タ実測ヲ経《へ》サルヲ以テ、詳《つまびら》カナラスト雖トモ、間切ニヨリテハ広大ナル喰実畑アリ。而《し》カモ其ノ収穫ハ毫《ごう》モ普通ノ耕地ニ異ナラサルモノアリト云ヘリ」（『沖縄県旧慣租税制度』二二一頁）。

これは、数年に一度という割合で耕作される、低度利用の土地である。「正租ナシト雖トモ、幾分ノ公費ヲ賦課ス」（一八一頁）とあり、これらの土地への課税はない。

「一木書記官取調書」にも「喰実山野」についての記述がある。上記「喰実畑」と同様であるが、「キナワ畑」については「輪番ニ樹木ヲ植付及耕作ヲ為《な》スモノ」と説明しており、耕作されたり、されずに樹木が育ったりする様子を描いている（五四五頁）。仲吉朝助「琉球の地割制度」は「きなわ畑」を説明して、「地力劣れるに依り一・二年耕作して其後数年休閑する農法を行ふ土地」としている（四二五頁）。

このような低度利用の土地がどれくらいあるか。「地租改正参考書」（一八九六年＝明治二九年。沖縄県農業会議編『戦前期の沖縄農地制度資料

表2　新税見込書

単位：町

	田	類外田	畑	切換畑	田畑計	比率
島尻郡	1,802	-	6,063	-	7,865	-
同・離島計	93	-	471	176	740	23.8
同・久米島	559	-	346	85	990	8.6
中頭郡	2,556	-	6,817	1,978	11,351	17.5
国頭郡	2,153	-	3,898	5,336	11,387	46.9
宮古郡	159	-	4,560	3,780	8,499	44.5
八重山郡	920	460	1,691	845	3,916	33.3
全管（全県）	8,242	460	23,846	12,201	44,749	28.3

（注）宅地は除き、町以下は四捨五入した。比率（低度利用地比率、％）を加えた。

（沖縄県土地整理事業関係）』一一三―一六一頁）に「新税見込書」と題した一覧表があり（表２）、課税額決定の前提として想定した田畑の面積が示されている。土地整理事業以前の推計値であり実数ではないが、切換畑の比重について一定のイメージを与えてくれる。

すなわち、切換畑は国頭郡で最も多くて五三三六町を数え、畑の面積三八九八町を上回っており、これに田二一五三町を加えた全耕地一万一三八七町の四七％を占めている。次に切換畑の多いのが宮古郡で三七八〇町あり、全耕地八四九九町の四五％を占め、八重山郡は切換畑八四五町のほかに、類外田が四六〇町があり、両者を合わせたら、全耕地三九一六町のうちの三三％を占めている。

これには、「反米粟」すなわち反当り米または粟の収量（見込）も記入されている（表３）。宮古郡の畑の反収が粟三斗である。これは、全県の八斗二升四合に比べて三六％という低水準であるが、宮古の切換畑は五升で、同じ宮古の畑に比べて一七％、全県の畑に比べて六％と、驚くべき低さである。八重山郡の畑の反収は粟二斗五升である。これは、全県の八斗二升四合に比べて三〇％という低水準であるが、八重山の切換畑は五升で、同じ八重山の畑の二〇％、全県の畑に比べて宮古同様六％と、驚くべき低さ

表３　反米粟（反当り収量）

単位：石・％

	田　a	類外田　b	比率　b/a	畑　c	切換畑　d	比率　d/c
島尻郡	0.976			1.135		
同・離島計	0.329			0.320	0.030	9.4
同・久米島	0.700			0.650	0.070	10.8
中頭郡	0.944			1.041	0.080	7.7
国頭郡	0.813			0.896	0.071	7.9
宮古郡	0.300			0.300	0.050	16.7
八重山郡	0.320	0.050	15.6	0.250	0.050	20.0
全管（全県）	0.811	0.050	6.2	0.824	0.064	7.8

（注）比率を計算した。

である。八重山郡の田の反収は米三斗二升である。これは、全県の八斗一升一合に比べて三九%という低水準であるが、八重山の類外田は五升で、同じ八重山の田に比べて一六%、全県の田に比べて六%とこれまた同様に、驚くべき低さである。

かくして事態は明瞭である。先島では土地の生産力がきわめて低く、しかも不安定で、土地を基準にした課税制度は採用できなかったのである。そこで土地とは関係なく、労働力を利用する課税制度が仕組まれた。それが貢布であり、また作物調達の独自の方式である。更に、その外にも直接の労働力調達、夫役がある。

(3) 琉球近世の租税制度の基本は「労働地代」であった

砂糖や織物は「王府－地方」間では生産物地代であっても、「地方役人－百姓」間では労働地代＝夫《ぶ》役《やく》＝賦役《ふえき》であることを示している。形式は生産物でありながら実質は労役であるという貢納物の、貢納物品全体に占める割合は、砂糖地域ではおよそ五割、織物地域の宮古・八重山では六割、同じく織物地域の久米島は八割である。

このほか、直接の夫役調達も大きいのであるから、これらのことを考えるなら、琉球近世の租税制度はかなりの割合で労働地代段階を残していたということになる。

第三章　人頭税は、どのように語られてきたか

一、島尻勝太郎「宮古農民の人頭税廃止運動」

島尻勝太郎《しまじりかつたろう》は「宮古農民の人頭税廃止運動」（沖縄歴史研究会編『近代沖縄の歴史と民衆』至言社、一九七七年。初出は一九七〇年）の冒頭「一　人頭税とは何か」で、次のように述べている。「歴史辞典によると、人頭税は、世界の多くの国に、古くから課されていた〈各個人に頭割《ず》りに課される税〉のことであって、均等に課される場合と、年齢別に課される場合とがあって、宮古の人頭税は、後者に属する」。「沖縄で、宮古、八重山にだけ、これが課されたということは、沖縄本島との間に、何等かの差別があったと思われる」。その上で「人頭税の起源」、「課税の基礎－宮古の石高」に進み、「人頭税の苛酷であることの理由の第一は、生産額を実際の倍以上に見積ってきめたことにあると考えられる」という。

「二　人頭税の内容」では、「訴額」「賦課方法」「民費の負担」を述べてきて、「このように、本租の外に

附加税が多く、かつ免除者が多数で、その負担は貧富によらず、逆に士族にうすく、平民に重く、しかも個人に割り当てられることが、人頭税を最も苛酷なものとする理由である」という。

「三 人頭税制下の農民の生活」では、「農民の生産物の大部分は、貢租として収奪されて、農民は最低の生活を強いられることになる」といい、『城間正安伝《ぐすくませいあん》』（『隠れたる偉人』）から「過重苛酷の重税」という表現を、また滞納による苦しみを紹介し、稲村賢敷《いなむらけんぶ》『宮古島庶民史』から貢租滞納の際に拷問を受けたとの記述を紹介し、笹森儀助《ささもりぎすけ》『南島探験』から蔵元文書に、同じく厳しい刑罰が行なわれていたとあることを紹介している。また、「平民の男子が士族の男子に倍する負担に、奴隷的な労働に苦しんだと同様に、女子も又上布織成に、奴隷的な屈辱をなめねばならなかったのである」、「上杉県令先島巡回日記《うえすぎ》」も「一木書記官取調書《いちき》」も、織場の状況を「どちらも獄舎といい、囹圄《れいご》［獄舎―広辞苑］といい、暗い不健康な場所であったことは確かであり、織女《おりめ》はここで一年の半分ほども規定の労働を果さねばならなかった」と述べ、「宮古の人頭税をここで定義づけるならば、狭義には、検地の結果出された石高に対する正租を人頭割に賦課することであり、広義には、これをもととした苛酷な収奪体系であるということができる」と結論している。先には「個人別に割り当てられる」としていたので、ここで「人頭割に賦課する」というのも「個人別に割り当てられる」と理解していると判断できる。

「四 人頭税と名子制」では、「人頭税をして、農民にとって堪え難いものにした理由をまとめる」とした部分にも、「貢租の賦課が、貧富によらず、年齢と身分により、人頭に割当てられたこと」を含めてある。以下、五～九は人頭税廃止運動のことであり、結果としての「十 人頭税の廃止と其の意味」に続けているが、ここでは紹介を略する。

島尻は、「人頭税」は「人頭割に賦課する」「個人に割当てられる」から「苛酷な収奪体系である」としているが、このように「個人に割当てられ」ていても、「苛酷」かどうかは論証できたことにはならないのであり、もっと具体像を描くことが必要なのである。

二、西里喜行「沖縄近代史における本島と先島」

西里喜行《にしざときこう》「沖縄近代史における本島と先島――〈差別〉の構造と克服主体」(同上書)で、「人頭税法下の先島民衆」の項で、次のように述べている。

「〈琉球処分〉以後もなお四分の一世紀にわたって、先島の民衆を〈納税奴隷〉の地位に緊縛《きんばく》した鉄鎖は、かの悪名高き人頭税法であった。人頭税法の弊害については、すでに多くのことが語られているけれども、その殺人的な性格は一般に租税負担の過重によって特徴づけられるばかりでなく、①資力に関係なく〈貧富画一〉に人頭割で賦課されるが故に、〈納税ノ痛苦均分セスシテ、貧者益々之レカ負担ニ苦ムノ惨状〉を呈すること〔「仁尾《にお》主税官復命書写」―西里により来間、以下同じ〕、②特定の「物品納ノ仕組ヲ以テ」徴収されること〔同上〕、さらに③土地への緊縛―移住の禁止―を不可分の前提としていることなどの点に要約される。このように、近代的な感覚からすれば全く不合理かつ残酷な税法であることは一目瞭然であったにもかかわらず、明治政府は〈旧慣温存〉の名のもとに、四分の一世紀の間、この殺人的な人頭税法を放置した」。このように述べたうえで、次のように描いていく。①笹森儀助『南島探験』を引き、「特定の物品納を原則とする人頭税法のもとでは、宮古は粟、八重山は米で貢租を納入することになっていたから、八重山群島の中でも水田のない島々の住民は、幾多の危険を冒《おか》して有病地の西表島へ赴き、水田耕作に従事しなければならなかったのである。このような特定の現物納を原則とする人頭税法の残酷な性格は、さらに貢租の一定額を貢布によって代納せしめたことに、より典型的に示された」。

貢布も

「人頭割で賦課された」。「実際には…麻糸を上納するものと織立に従事するものとにわけられた」。「貢布の織立に従事させせられた正女（織婦）たちの負担は、さらに残酷を極めた」。「貢布の織立に従事する織婦たちの凄惨な状況」

を語り、ここで例の「獄舎にも似た織場」の話が紹介されている。さらに、「公費・村費・貯蓄費（滞納予備費）」も負担させられ、「それも人頭割である」こと、「県庁当局」も「先島の民衆が〈納税奴隷〉的存在にすぎないと述べていることなどに触れ、

「要するに、人頭税法下の先島民衆をとりまく状況は、置県以前と変わらないどころか、ある面ではむしろ益々劣悪化していたといえる」

と総括している（二〇一―二〇五頁）。

なお、ここでの紹介は「人頭税」そのものについての記述を析出したので、その「廃止運動」などは省略した。西里においては、「人頭税」の形容詞は、「悪名高き」「不合理かつ残酷」「殺人的」「凄惨」など、最大級のものとなっているが、「人頭税」の仕組みや、実際の姿についてはほとんど触れることがないのが特徴である。

三、上原兼善ほか『沖縄県の歴史』

上原兼善《うえはらけんぜん》は『沖縄県の歴史』（新里恵二《しんざとけいじ》・田港朝昭《たみなとともあき》・金城正篤《きんじょうせいとく》との共著、山川出版社、旧版、一九七二年）で、次のように述べている。

「宮古・八重山のいわゆる先島とよばれる地方には、一六三六年（寛永一三）までは、役人を派遣して土地の異動開発を掌握せしめていた。すなわち、沖縄本島同様、検見《けみ》によって貢租を賦課し、とくにその特産である反布は、品質・反数に応じて貢粟と相殺する方法をとっていたのであるが、一六三七年に人口を綿密に調査して、翌年にはこれらを人頭割りにしていった」（九七頁）。

一六三七年を境に、以前は土地と作物に課税されていたが、以後は「人頭割り」となった、という。「人頭（人口）割り」ということによって、「一人にこれだけずつ」と「割り」当てられたと解釈しており、「里積記」の記述とは趣旨が異なっている（第二章参照）。

ここで上原は、「人頭税」は「過酷」とはいっていないが、同じページに「宮古の人頭税石」という写真を掲げて、次のキャプションをつけている。「〝賦計《ぶばか》り石〟とよばれ、高さ四尺七、八寸の自然石である。男女一五歳でこの石と同じ高さになるとすべて税が課されたという」。当時の宮古では人びとの年齢（一五歳以上）と背丈を基準に担税者が決定されたとしていることになる。このような「伝説」を史実であるかのように扱うべきではあるまい（なお、後出・仲宗根参照）。

四、金城正篤ほか『沖縄県の歴史』

金城正篤は『沖縄県の歴史』（同上書）で、次のように書いている。

「沖縄県内でも先島（宮古・八重山）はさらに最悪の〝人頭税〟法下にあった。〝人頭税〟法は、いわば〝旧慣〟土地制度・租税制度・地方制度が最悪の形で結合・凝集《ぎょうしゅう》された農民支配・収奪の機構である。この苛酷な税法の改廃を要求して、宮古島では農民が結束して運動にたちあがった。農民たちのかかげた要求は、①島政を改革して役人を減らし、もって負担を軽減すること、②〝人頭税〟を廃して〝地租〟に改めること、③物品納を廃して貨幣納に改めること、の三点に要約されていた」。一八九三（明治二六）年、農民たちの代表四人は、国会請願のために上京した。金城が述べる「〝人頭税〟法の矛盾」は、次の如くである。「地方《じかた》役人や廃疾者など免除されたものをのぞき、一五歳から五〇歳までの男女（正男・正女）が課税の対象であった。〝人頭税〟法のもっとも大きな特徴は、課税の対象が〝土地〟（生産の基盤）ではなく、〝土地〟からきりはなされた〝人頭〟（人間のあたまかず）であるという点にある。すなわち、〝地租〟は本来の土地保有の多寡《たか》＝収穫高とはかかわりなく、〝人頭〟割で一様に課されたのである」。このような税法は、「農民の生活と単純再生産さえ、極度に破壊しつつあった」し、「そのままだまっておれば死を意味していた」（一七九－一八一頁）。

金城も、「人頭税」を「最悪の法」「苛酷な税法」といい、「〝人頭〟割で一様に課された」と述べている。「課税の対象」が「土地」ではなく「人頭（人間のあたまかず）」であることが問題だとしているが、人口を対象にすれば必ず「苛酷」になるとはいえず、「〃人頭〃割で一様に課された」としても、その水準が高いか低いかは別問題なのである。例えば、織物を一人一反ずつと割り当てられるのか、一人で〇・二反ずつ割り当てられるのかの違いで、「苛酷」さは異なるはずである。

五、高良倉吉「近世末期の八重山統治と人口問題」

高良《たから》倉吉《くらよし》「近世末期の八重山統治と人口問題」(『琉球王国史の課題』ひるぎ社、一九八九年。初出は一九八二年)は、次のように述べている。

「人頭税制下では、人口の適正規模を前提にして貢租負担のシステムが設定される。このシステムは、運用の面で生産者への法外な要求や中間搾取などをともなうので、実際の負担状況は複雑であった。しかし、前提とされた人口規模が維持され、人口が上昇化を確保している間は再生産は相対的に安定していた。問題の一つは、人口が大幅に低落し、貢租システムの前提そのものが危機におちいった時であろう。明和の大津浪以後、とくに一九世紀に入った頃の八重山がその典型的な問題を投げかけるのである」(三八一頁)。

これは、「定額人頭税」というものを、税負担額が固定しているから、人口が増加すれば負担が減り、それが減少すれば負担が増大する、と認識したものであろう。ただ、「人頭税制」は「運用の面で生産者への法外な要求や中間搾取などをともなう」と述べているのは、説得的でない。なぜ「法外な要求や中間搾取など」が「人頭税制」の属性だといえるのか。

六、仲宗根将二「宮古の歴史と信仰」

仲宗根将二《なかそねまさじ》「宮古の歴史と信仰」（谷川健一《たにかわけんいち》著者代表『琉球弧の世界』小学館、一九九二年）は、「人頭税社会」という項を設けて、次のように述べている。「宮古の支配者仲宗根豊見親《なかそねとゆみや》」は、「また、漲水御嶽《はりみず》近くの港に面して行政庁蔵元《くらもと》を設置し、さらに税制を布《し》いて、首里王府への年貢を確保した［『忠導氏系図家譜正統』－仲宗根により来間、以下同じ］」、とも伝えられている。これは、のちの、人頭税《にんとうぜい》の素地をなすものといえるもので、下地《しもじ》矼道《はしみち》［海中道路］は、人々の往来の難渋を救った一面、人頭税に呻吟《しんぎん》する民衆の年貢輸送の道ともなったのである」。「慶長一四年（一六〇九）三月、薩摩藩《さつまはん》島津氏は琉球を侵略し、同一五～一六年には全域を検地して、石高《こくだか》制を導入した」。しかし、それは「いかに現実離れした石高査定であったか」。「首里王府は、王朝体制を整備維持していくために、宮古・八重山へは在番役人を派遣して直接統治に乗りだし、人頭税も整備強化されたのである」。「貢租は、正人《しょうにん》と呼ばれる数え年一五～五〇歳の男女に賦課された」。それを「人位《ひとくらい》」という年齢の区分と、「村位《むらくらい》」という土地の区分をして、それぞれ二～四段階に分け、それを組み合わせて「各正人一人分を定め、村ごとに家族単位で賦課された」（五一〇－五一三頁）。

ここで仲宗根は、「人頭税」を「村ごとに家族単位で賦課された」としているが、そうではなく、「村単位で賦課された」のであり、「家族」（数）は村の課税総額を計算する基準でしかなかったのである。

仲宗根も「人頭税石」の写真を掲げていて、次のキャプションを付している。「宮古島荷川取《にかどり》海岸（平良市荷川取）の旧家門前に立つ、約一四三㎝の高さの石柱。俗に〈ぶばかり石〉といい、男女とも、背丈がこの石の高さに達すると人頭税が賦課された、という口碑がある。近世人頭税の賦課対象は、数え年一五～五〇歳の男女と定められており、人頭税とかかわりがあるとすれば、戸籍整備以前のものということになろう」。先の上原兼善のキャプションとはかなり異なっている。仲宗根が平良市教育委員会に勤めていたころ、このいわゆる「人頭税石」は史跡から外された。いま掲示されているのは観光関係の部署による「伝説」紹介である。

仲宗根は、明治になっても「人頭税は存続し、民衆の苦しみは解消されなかった」といい、「過酷」説の立場にある。そして「指導者を得た民衆の人頭税撤廃、島政改革を求める運動は、燎原《りょうげん》の火のごとく、全宮古に燃え広がっていったのである」と続けている（五一八頁）。ここにも、「過酷」説の立場にあることが示されている。

七、仲宗根将二「宮古の人頭税廃止運動」

仲宗根将二「宮古の人頭税廃止運動」（歴史教育者協議会編『知っておきたい 沖縄』青木書店、一九九八年）のうち、「人頭税」そのものについて書かれた部分を紹介する。

「宮古・八重山の租税制度は一五〇〇年、首里王府による八重山のオヤケアカハチらの乱平定に始まったとされる。それまでは恭順を示すていどの朝貢であったが、乱平定後、琉球王国の版図に組みこまれ、貢租納入の支配関係が生じたのである。人頭税の始期とみなされるが、一般に宮古・八重山の人頭税という場合、薩摩藩支配下の近世琉球における税制をさしている」（一一三頁）。

一五〇〇年から税制が始まったというが、当時は沖縄本島地域でもそれらしい制度はなく、額の定まらない臨時の貢納ないし朝貢らしきものはありえただろうが、宮古・八重山でのこの段階での税制はなかったと私は考えるが、この問題は別に論じたい。

「税制は、はじめ石高に一定の比率をかけて（「代懸《だいがけ》」）貢租を決めていたが、一六三七年から宮古・八重山は「頭懸《ずがけ》」にかわっている。これが人頭税とよばれている税制である」（同頁）。

これにも疑問がある。「代懸」から「頭懸」にかわったと述べているのは「里積記」によっていようが、状況からして、以前の「代懸」の存在は疑わしい。なにしろ、沖縄本島地域の「代懸」なるものも、石高に税率をかけて税額を出したものではなく、石高を以前の税額で割って、逆に税率を記したとされているのであるから（「沖縄県旧慣租税制度」）。また「頭懸」がのちに（おそらくは明治に入って以後）「人頭税」と呼ばれるようになったのであるが、それ以後に「過酷」論が出てくることに着目すべきであろう。

仲宗根は、この稿を「荷重負担で生活そのものが窮迫していた」現状打開のための「人頭税廃止運動」と、「人頭税」の廃止が実現したことに話をつなげている。やはり「過酷」説に立っているのである。

なお、同書に「与那国の暮らし」を書いた市原教孝も「一七世紀には、苛烈な人頭税が課せられ、島民の生活は著しく疲弊した」としている（五五頁）。

八、豊見山和行「琉球・沖縄史の世界」

豊見山和行《とみやまかずゆき》「琉球・沖縄史の世界」（同氏編著『琉球・沖縄史の世界』吉川弘文館、二〇〇三年）は、「一七七一年の

〈宮古・八重山津波〉の被害」によって、多くの死者を出し、「人口は津波以前に回復することなく横ばいのまま推移したため、年貢負担（人頭税制）において過重な体制を強いられたのである」と述べている（七〇頁）。これは、定額の課税制度のもとで、人口減が「負担の加重」につながるとの認識を示したものであろう。前出・高良の論の継承である。実際は人口は減少したので、「過重な体制を強いられた」との表現で、「人頭税＝苛酷」説に口裏を合わせたのである。

九、西里喜行ほか『沖縄県の歴史』

西里喜行は『沖縄県の歴史』（安里《あさと》進《すすむ》・高良倉吉・田名《だな》真之《まさゆき》・豊見山和行・真栄平《まえひら》房昭《ふさあき》との共著、山川出版社、新版、二〇〇四年）で、次のように書いている。

「両先島では耕作地の多少にかかわらず一五歳から五〇歳までの男女（正頭《しょうず》）に課する人頭税《じんとうぜい》制が温存され、宮古島の農民は主として粟《あわ》と反布《たんぷ》で、八重山諸島の農民は主として米と反布で納入することを義務づけられていた」（二五二頁）。「人頭税制の弊害が顕著であった宮古島でも、一八九〇年代前半には…組織的な人頭税廃止運動へ発展した」（二五四頁）。

先の文章（二）の激烈な「人頭税制批判」とはうってかわって、ただ「人頭税制の弊害が顕著であった」などと述べるのみである。すでに私の「なかった」説が出ていたことに対応したものかと思う。

十、秋山勝ほか『沖縄県の百年』

秋山勝《あきやままさる》は『沖縄県の百年』（金城正篤・上原兼善《うえはらけんぜん》・仲地哲夫《なかちてつお》・大城将保《おおしろまさやす》との共著、山川出版社、二〇〇五年）で、次のように書いている。

「宮古・八重山の先島地方では、琉球王府以来、人頭税《にんとうぜい》という沖縄島とは異なる税制が敷かれていた。人頭税とは、貧富に関わりなく一定の税額を頭割りで賦課する税制だが、宮古・八重山では、一七世紀のなかば以降に定額人頭税として定式化された。…この税制は全体として過酷であったばかりでなく、貧富に関係なく〈上村の上男女〉と〈下村の下下男女〉では貢租額に三・五倍の差があり、貧しい農民はいっそう重税にあえぐこととなった。…また、貢租の一部は貢布で上納を命じられたが、その品質の審査は厳しかった」（九〇頁）。

秋山も、「人頭税」は「過酷」「重税」としている。しかし例示されている「貢租額に三・五倍の差」というのは全くの誤解で、これは「上村《じょうむら》の上男女《じょう》」より「下村《げむら》の下下男女《げげ》」の方が課税額が低くなっていることを示したものであり、生産力や労働力の状態を考慮してではないが、どの村の負担を低くするかを考慮して、割当額を決めたということなのである。

十一、小野まさ子「貢納される布と女性たち」

以上のように、「過酷な人頭税」論は数多く、それが具体的な「人頭税」の実態を描くことなしに主張されていることに特徴がみられる。そのような多くの論者とは異なって、より現場に即して、いわゆる「人頭税」のありようを説明したものが次の文献である。

小野《おの》まさ子は、豊見山和行編『琉球・沖縄史の世界』（前出、二〇〇三年）で、「貢納される布と女性たち」を執筆している。その中の「税制の中の布」では、次のように述べている。①「人頭税《じんとうぜい》という沖縄の両先島地域に課されたといわれる税制下の布生産」については、その「人頭税制の過酷《かこく》さ、生活の苦しさ」が伝承されている。②「人頭税については、旧慣《きゅうかん》制度として維持運用された明治期の制度は、旧慣調査資料などによって、その仕組みがわかるものの、その初源の問題や、沖縄県になる以前の近世琉球期の形態などについては、まだ不明な部分が多いというのが実際である」。

③人頭税制度の「時期による変化」は三期に分けて考えることができる。③－1「人頭税は、当初年ごとに人口を調査して課税していたが、一六五九年に定額人頭税という、人口に関わりなく、一定の額を課税するという方法になったとされる」。これは「人口増加期」であった。③－2「一七七一年（乾隆《けんりゅう》三六）の大津波［いわゆる「明和の大津波」のこと－来間］以後の時期」、「人口減少期」に入る。「定額の人頭税下では、人口減少は税の過重負担にもつながっていく。疲弊が増幅し、両先島だけでなく、収税が確実に得られなくなる王府の財政危機にもつながっていく時期である。百姓たちは税の負担や生活の苦労から、子どもを産まない、もしくは子供を産んでも間引きをしてしまうなどの深刻な問題が起きている」。③－3「人頭税制の最後の時期が旧慣温存期である」。「この時期に近世期の形態の人頭税は、変容したとされる」。「現在、税制の過酷さを伝える伝承の多くは、この時期の制度下のものである」。③の総括。「これら三つの時期を混同する事は、人頭税に対する正確な理解につながらないとされるが、まだ課題は大きい」（二一六－二一八頁）。

小野はまた、「貢布の割り当てと取納」などの項で次のように述べている。④「両先島での布の生産は、宮古・八重山各蔵元の御用布座《ごようふざ》、久米島では御用布当《あたい》という部署の管理のもとに置かれた」。⑤「両先島から納められる布には、定納布もしくは上納布と、御用布との二種類がある」。「この上納布と御用布の両方が王府から両先島・久米島へ割り当てられる」。⑥「まず、担当役人は割り当てのための帳を作成して、人口に合わせて村へと割り振る。村ではさらに実際織る女性たちの数に引き当てて、各人の織るべき数量が決められていく。下布などは、男性にも割り当てられているが、これは男性が布を織ったということではなく、糸紡ぎから織り、仕上げなどの実際の作業はもっぱら女性であり、原料である木綿・藍《あい》・苧麻《ちょま》、その他染料などの栽培・調達は、夫遣《ぶづかい》として、男性も労働力を提供しているのだが、その換算については、まだよくわかっていない」。⑦王府は蔵元に対して「親疎なく」割り当てるようにと、くりかえし指示している。「しかし、…王府の理想とする均等に割り当てるという作業は難しいものであった」。⑧「蔵元へ布を納める時」は「厳しい検査を受けた」。⑨「この割り当て(⑦)と取納(⑧)をつつがなく行なうことが、布に関わる島の役人にとって重要なことであった(二一九―二二三頁)。

⑥からは、男女の負担労働に差異があることが分かる。⑦からは、負担労働を均等に割り当てようとしても、難しいことが分かる。

さらに、「御用布の製作」と題して、布の製作過程を各段階に区分して、次のように描いている。⑩「布の製作には、次のような段階がある。原料である苧麻や染料となる藍の栽培収穫、糸の製作、染め、織り、晒《さら》し、納布検査である」。⑪「布を織る工程で重要な部分は、布を織ることとともに、原料である苧麻や藍の確保である」。そのために、それは「各村の家毎に」栽培が義務づけられ、役人の監視下に置かれていた。それらは不足がちであり、場合によっては他の島々から取り寄せる体制をとっていた。⑫

「糸の製造段階」は、通常、「正女《せいじょ》という納税の中心となる年齢層以外の者、もしくは織りを割り当てられない女性たちに割り当てられる」。⑬「製織」の段階は、多くは「苧積屋《うづみや》や布屋《ぬのや》」という番所の一部をなす所に集められ、役人監視の下で従事した。⑭「旧慣期の史料では、反布は必ずしも一人で一反を織る制度ではなく、複数人で一反を織り上げるということもあったので、複雑な計算故《ゆえ》に、女性たちは村役人が命ずるままにしたがい、税として自分の織るべき数量の全体数を把握できていないとも記録されている」。⑮布を織った後の仕事もある。「織った布は、晒《さら》しもしくは洗濯という最終作業に回される」。⑯そして「納布検査」を受ける（二二三―二二七頁）。

⑫からは、織り担当者と糸製造担当者が分れていることがわかる。⑭では、一反の織物を複数人で織り上げるというのであるから、織り段階だけに限っても、画一的な労働が強制されていたのではないことが分かる。

第四章　人頭税廃止運動とは何か

「人頭税はなかった」ということになると、その廃止運動はどのように位置づけられるのか。そのことを論ずる前に、「人頭税廃止運動」とは何か、復習しておこう。

一、「人頭税廃止運動」

ここでは、仲宗根将二「近世宮古の人頭税とその廃止運動」（第二章の来間論文と同一の書に収録）によりつつ、それを要約して示すことにする。その評価も大きく揺らぎ始めているようだ。

⑴　「人頭税廃止運動のためにどのような取り組みをしたのか、記録は見当たらない」。「人頭税廃止のために農民がどのように取り組み、組織されていったか、については」記したものがない。

⑵　「指導的役割を果たしたとされる城間《ぐすくま》正安」の記録とされる「息子の正八らによる聞き書き」『隠れ

たる偉人』（一九三二年）」によれば、「城間の努力で貢租は砂糖での代納が認められるようになり、農民が〈本腰になって製糖に精出〉すようになった」とあり、一方で沖縄県の砂糖奨励が始まっており、「一般に」には、「城間がいくら指導しても農民がサトウキビを作らない理由」は「人頭税の粟作、機織りに専念して他をかえりみる余裕がない」からといわれており、そのことと矛盾している。末尾の「矛盾している」は、私（来間）の表現である。

(3) もう一人の指導者「中村十作」についても、「宮古で農民とどのように行動を共にし、組織していったかという点については」何もわからない。

(4)「在地役人」であった亀川《かめがわ》恵寛の覚書「廃藩時代之実況」は、福里村の農民代表たちが多良間島に渡って運動への賛同を求めたが、同意を得られず「追い帰された」と、「嘲笑《ちょうしょう》気味に記している」。

(5)「一木《いちき》書記官取調書」は、「士族平民間ノ乖離《かいり》」を指摘し、平民は「旧慣の羈絆《きはん》」（「羈絆」を仲宗根は「きずな」としているが、この場合は「束縛」の方がいい）を脱することなどを望み、これに加えて「扇動者」に動かされて、「県庁、警察署等ノ説諭ニ拘ラス、請願書ヲ政府及帝国議会ニ上呈スルニ至レリ」と報告している。城間正安のことと推察される、という。

(6)「仁尾《におお》主税官復命書写」は、中村十作について名指しで、彼はこの事情を知って、「多少民心ヲ動カスノ挙動アリシカ如シ。殊ニ惣代ヲ東京ニ出シ、国会ニ請願セシメシニハ、彼レ専ラ之カ斡旋ノ労ヲ採ルヲ約シ」、租税は今は一部だけ納めておくようにと言っていたようである、と述べている。

(7)「内務大臣が閣議に提出した『沖縄県地方制度改正ノ件』も、〈宮古島島民ヲシテ著シク貢租ノ滞納ノ弊ニ陥ラシメタルハ、畢竟《ひっきょう》同島ニ渡航セル他県人ニシテ、漫《みだり》ニ貢租公費ノ重苛ヲ唱へ、減税ノ請願ヲ議会ニ呈出セシメタル者アリ〉といったぐあいである」。

(8)「政府並びに国会請願のため、宮古農民代表四人を上京させたあと、留守を守り、農民の結束をくずさぬよう中心的役割を果たしたと伝えられる嘉手苅《かでかり》村の総代・川満《かわみつ》亀吉の遺族」（亀吉の甥）が一九八七年に残した「聞き取り」が残っている。仲宗根はこの証言に異を挟んでいないが、紹介を略する。それは一〇〇年近くも経過しているからである。

(9)「政府並びに国会へ請願するための代表には、西里蒲（三八歳、福里村）、平良真牛（三五歳、保良《ぼら》村）、それに二人の通訳を兼ねた城間正安（三四歳）、東京の事情に通じた中村十作（二七歳）が選ばれた」。

(10)「旅費は農民の一銭二銭の寄付を求めた」というが、まだ「物々交換の社会」であったし、疑問。農民たちが納入を保留していた八〇〇俵の粟を、「官憲に知られることなく持ち出した」というが、疑問。それを誰かに「売却した」というが、それほどのことのできる人が宮古にいたのか疑問。

(11)「一八九三（明治二六）年一〇月、代表四人は張水《はりみず》港を出発するとき、在地役人はじめ士族層の激しい妨害にあい、那覇滞在中も官憲による様々な妨害のなか上京した」（仲宗根はこれにはコメントしていないが、当時の「官憲」はそれを許すほど弱体だったのか）。

(12)「一一月三日東京に着き、翌四日には十作の弟・十一郎に会い、その紹介で中村兄弟の同郷の友人・増田義一をまじえて今後の行動計画について協議した」。

(13)「そうして請願趣旨を作成」した。一一月三日までかかっている（請願書は東京で書かれた。したがって、それには宮古人には思いつかない表現が満ちていたのである。来間）。

(14)その請願書を「新聞社等を歴訪して、上京の趣旨を伝えた」。

(15)「連日の新聞報道に加えて十一郎のはがき戦術と相まって、政府要路並びに主要議員邸を歴訪して、宮古民衆の窮状を訴え、島政改革・人頭税廃止の緊急性を訴えた」。

(16) 仲宗根は、その経緯を「十一郎日記」によって紹介しているが、ここでは省略する。訪問先は、井上《いのうえ》馨《かおる》内務大臣、谷干城《たにたてき》子爵、近衛篤麿《このえあつまろ》侯爵（公爵）、曽我祐準《そがすけのり》子爵、榎本武揚《えのもとたけあき》農商務大臣、佐野常民《さのじょうみん》子爵、島津《しまづ》侯爵、松平《まつだいら》子爵、大隈重信《おおくましげのぶ》伯爵、副島種臣《そえじまたねおみ》伯爵、渡辺国武《わたなべくにたけ》大蔵大臣などであり、大方の賛同を得ている。

(17)「各紙は…一斉に報道を始めた。現在確認しているのは、『読売新聞』『郵便報知新聞』『毎日新聞』『二六新聞』『東京日日新聞』『日本』以上の六紙」。これも大方は好意的である。

(18)「一八九三（明治二六）年一一月二五日召集された第五回帝国議会には、西里蒲・平良真牛連署の『沖縄県宮古島々費軽減及島政改革請願書』が、高田早苗《たかたさなえ》衆院議員の紹介で星亨《ほしとおる》衆院議長宛に提出された」。「しかしこの請願書は日の目をみることはなかった。衆議院は一二月一九日向こう一〇日間停会となり、同二九日さらに二週間停会、翌三〇日解散、貴族院も停会したからである」。

(19)「一八九四（明治二七）年一月二九日付で、西里・平良連署の『沖縄県宮古島々費軽減及島政改革建議書』が井上馨内務大臣に提出された」。

(20) 貴族院は「五月二九日曽我祐準議員提出、近衛篤麿公爵ら外三〇人賛成の『沖縄県下宮古島人民ニ関スル質問』、六月一日これに対する政府答弁書、二日川満泰奉外二名提出の『沖縄県宮古島々費軽減及島政改革ノ請願』が取り上げられ、賛成多数で採択された。しかし同日衆議院が解散になったために、請願は再び白紙に戻ってしまった」。それでも政府答弁書では「惨状は認めないけれども、改正の方向にあることを示している」。

(21) この川満泰奉ほか提出の「請願」について、仲宗根は次のように述べている。「既得権保持に汲々としていたはずの士族側の川満泰奉」がなぜ「改革」の請願をしたのか、「注目しておきたい」と述べている（この請願だけでなく、一連のものは「士族」対「平民」の一方が推進したものではなく、両者に矛盾のない内容の請願だった可能性が出てきた。来間）。

(22) 「貴族院では…一八九五（明治二八）年一月八日、請願書の審議にさきだって曽我子爵発議、二条基弘《にじょうもとひろ》公爵外三三名賛成の『沖縄県政改革建議案』が賛成多数で採択された（「宮古島」ではなく「沖縄県」となっている。来間）。ついで同月一六日衆議院で、西里蒲外一六〇名提出の『沖縄県宮古島々費軽減及島政改革ノ請願』が全会一致で採択、同月二六日貴族院でも同請願が賛成多数で採択された。人頭税廃止運動が表面化してから八年余、四人の代表が初めて上京、請願してからは一年二カ月ぶりの成果である」。

(23) 仲宗根は、国会での審議の過程で複数の議員たちが、「国防」「海防」のために「内政を整理する」必要があると主張している、と紹介している。

二、「人頭税廃止運動」の評価

仲宗根将二は、いくつかの留保を示しながらも、「おわりに」では、「あげて島政改革・人頭税廃止運動に決起した宮古民衆の勝利といえよう」と述べ、運動の評価に変更を加えていない。

ここで改めて「請願」の内容を検討しよう。一八九四（明治二七）年一月の「沖縄県宮古島々費軽減及島政改革建議書」の要求は、「島政ヲ改革シテ役員ヲ減シ、以テ負担ヲ軽減スル事、人頭税ヲ廃シテ地租トナス事、物品ヲ以テ納税スルヲ廃シテ貨幣ヲ以テ納税スル事」であった。その他の文書の内容を仲宗根は示していないので、この三項目であったとして検討していく。

第一の「役員数の削減」は、正当としていいであろう。この要求は政府の改革方向と対応している。

第二の「人頭税の廃止と地租への移行」は、真に当時の宮古民衆の要求であっただろうか、疑問である。「人頭税」といわれているものが、実はそのようなものではないことを第一章、第二章で見てきた。「人頭税はなかった」のに、それを廃止してほしいといっているのである。宮古民衆の貧しさは事実であったろうが、それは基本的には生産力水準の低さと、それゆえに生産額（量）が少なかったことに、基づいていたはずである。穀物では粟さえ食することは少なく、主として甘藷（さつまいも）を主食としていた。ただ魚介類は比較的豊富であったと思われる。野生の小動物や豚や鶏のような家畜も利用していた。衣類も貧しかっただろう。生活に満足しているはずはない。それでも、人びとがいわゆる「人頭税」にその原因を見出す理由が浮かばない。「地租への移行」によって何を求めたのか。土地の生産性の低さに対応した租税水準の低さを求めたのであろうか。まだ納税単位は「村」であった。その村に課税するのに「人口」を基準にしていたのであるが、それを「土地」を基準にしてほしいという要求が、民衆の中から上がってきただろうか。中村十作らによる「作文」が疑われる。

第三の「織物などの物品での納税をやめ、金納とすること」は、もっと問題である。租税を物納から金納に代えてほしいと要求しているのである。「物納からの解放」の要求は織物・粟からの解放を意味していたと見て、ややありえよう。しかし、「金納」の要求はいかにも考え難い。なぜなら、そのころの宮古の民衆は貨幣をほとんど使っていなかったからである。貨幣で納税することの意味が分かっていたとは思えない。物納から金納に移るということは、例えば織物を納めていたのを、織物を自分で販売して貨幣を手に入れたうえでその貨幣で納めるということなのである。織物の販売の仕方、そのルートについて知識はあっただろうか。

沖縄全体としても、一八八九（明治二二）年施行の「沖縄県土地整理事業」によって金納に移行したが、人びとはさっそく現金を入手するのに苦労したのである。役人の言うとおりに仕事をしておれば、それが租税納入に相当していたのに、作った砂糖や鬱金《うこん》や泡盛や陶器や農産物を、自分で換金する方法が分からない。そこに、商人（寄留商人など）が巧みに入り込んできて、それに従属させられていくのである。あるいは、以前の時代から「世話になっていた」地域の富裕層（ウェーキンチュ）に頼って、彼らから借金・借地して、反対に彼らの要求する労働をこなすようになっていくのである（「ウェーキ＝シカマ関係」という）。

このように考えてくると、「請願」の内容が、当時の宮古の民衆の直面していた課題の解決を示していたとは考え難い。これは、中村兄弟たちが作成したものであり、当時の日本社会と政治状況に対応した作文であった可能性が高い。

この請願は中央政界にも歓迎されている。弾圧をかいくぐって陳情に成功したという「伝説」は受け入れがたい。「士族」の「請願」もあったという。

ともあれ、この「人頭税」が、土地整理事業完了とともに廃止された。その意味は、人口を基準に、村単位に懸《か》けられていた租税が、土地を基準に、個人単位に懸けられるようになったということである。そして「金納」となった。

日本政府にとってのいわゆる「人頭税廃止運動」の意義は、沖縄の内側から「改革」の要求が出てきたことにあろう。政府の方向性と一致した運動であったのである。

第五章　私への批判への反批判
（やはり人頭税はなかった――得能氏の批判に答える――）

二〇〇三年一二月二一日～二三日の『八重山毎日新聞』に、得能寿美《とくのうとしみ》氏の「『人頭税はなかった』か？」が、三回にわたって掲載された。私への反論である。

一、私の主張の要点

私の「人頭税はなかった（問題提起）」の内容はどのようなものであったか。それをまず述べておきたい。

①近世から明治期にかけて、先島の租税は「人頭税」だったといわれてきたが、その根拠とされてきた近世史料には「頭懸け」とあり、一定数値に人口を掛けて（人口に一定数値を掛けて）村負担の総額を算出するということを述べているのであって、個人別に割り当てるとはいっていない。これを明治二〇年代の国や県の役人が「人頭税」と名付けたのであるが、それは誤解を招く間違った命名であった。②当時の租税は、

個人別に賦課するのではなく、間切や村という集団に賦課したのであり、一人一人にいくらという課税はされていない。「人頭税」とは、個人別に、画一的に割り当てる税制のことであるが、制度としてはもちろん、それとは別に当時の実態からみても、そのような税の賦課にはなっていなかった。③近世琉球の租税制度は、夫役が中心になっているため、沖縄本島地域も含めて「人頭税」ではないが、「人頭税的」であった。④宮古と八重山で六割を占めていた反布は、さまざまな作業を分割して、分業体制で織りあげていくのであって、画一的に割り当てることはできない。個人別に織る量が決まっていたのでもない。⑤「人頭税」であったから「苛酷」だったという従来の説は反省期にきている。

二、得能氏の反論の要点

私の主張は、以上のようなものであった。これに対して得能氏は、次のように反論してきた。

①②に対しては、個人別に割り当てたことを示す史料がある、という。

③に対しては、私が「人頭税」と「人頭税的」を区別して議論していることの意味をよく理解されていないようで、意味不明の回答になっている。

④に対しては、「反布を製造するのは共同作業であることは首肯《しゅこう》できる」「一人何反というように織られるものではないというのも確かだ」と、私の主張の一部を認めつつも、「一人分の織る量は定められていた」と頑張る。

三、「上布算」の説明文の意味

以上が得能氏の反論である。これに答えよう。①②も④も、史料が「当時の税は個人別に割り当てられていた」かどうかにかかっている。氏はその根拠史料を三点提示された。

第一は、『東京国立博物館図版目録　琉球史料篇』に所載されている「上布算・村算・藁算」の説明文である。得能氏からそのコピーの提供を受けた〔感謝〕。偶然ではあるが、私も先月、浦添博物館で行なわれた『琉球・沖縄へのまなざし』東京国立博物館所蔵・琉球資料展を見学し、そのパンフレットも入手していたので、現物も見ていたし、説明も読んでいた。ただし、説明は双方は一致せず、東京の方がくわしい。

得能氏はこの資料のうち「上布算」を挙げて次のように述べている。「新城仁屋が統括する組における貢布の織り方が記されている。そこでは〈機具〉（織機）を各人の家に持ってまわり、男がそれぞれ賦課された布を織って、一反となる七尋《ひろ》半の布にする、とある。史料批判に課題を残すが、一人分の織る量は定められていたことになる」。

私の検討結果は、次のように要約できる。①それぞれの負担額が、新城二尋、崎山三尋七寸五分、仲地五尺四寸三分と定められていたと読める。しかし、それが新城、崎山ら個人の負担分であるのか、それとも新城が統括し、崎山が統括する各グループの負担分なのか、なお検討が必要であろう。②そして一人別（あるいは組別）の織る量は、それが役人に指定されたものか、お互いが分けあったのかは不明である。③むしろ、この資料の示していることで重要なのは、一反の織物を数人で共同で織っている姿である。④ここに登場する三人のすべてが「仁屋」「筑登之」などとあり、役人だと思われるが、それなら当人が織るのか、当人の管理する別人が織るのかも、検討してみる価値がある。

なお、この例は家庭で織る場合を示しているようだが、八重山では貢布の大半は役人監視の下での集団労働だったのであり、それを基本に論ずることが求められよう。

四、いわゆる「人頭税賦課台帳」

第二は、新本《あらもと》家文書「八重山島人頭税賦課台帳」(仮題)である。これは、得能寿美翻刻で、『石垣市立・八重山博物館紀要』第一九号(二〇〇二年三月)に掲載されている。得能氏から提供を受けた[感謝]。

これは、「八重山島」の村ごとに、その人口(男女別・年齢階級別)、「一人ニ付」負担額、村の負担総額を記したものであるが、私は次のように考える。①これまで、このような文書に出てくる「一人に付き」が個人への割当額と解釈されてきたが、そうではなく、「一人当たり」の額と読むべきであろう。この「一人当たり」の額に人数を掛けて村ごとの総額を出しているのである。得能氏もこれを「個人別の上納額」だと解釈している。しかしこの文書は、村ごとの負担額を計算した記録であって、反対に個人の負担額を計算するための文書ではあるまい。

②いま「村ごとの負担額を計算した記録」と述べたが、このような理解の仕方も、やや問題を残す。なぜなら、上・中・下・下々と、年齢によって区分された人口がとても実数とは思えないからである。

この石垣村の場合、次のようになっている。

下々（一六～二〇歳、　五歳級）男　五九人、女　六三人
上　（二一～四〇歳、二〇歳級）男 一五七人、女 二〇九人
中　（四一～四五歳、　五歳級）男　　七人、女　四九人
下　（四六～五一歳、　五歳級）男　一八人、女　二八人

二〇歳級の「上」の場合、これを一〇〇とすれば、他の年齢階級（すべて五歳級）のほぼ四分の一（二五％）程度の数値にならねばならないが、男では「下々」が三八、「中」が四、「下」が一一であり、「下々」は極端に多すぎるし、他は極端に少なすぎる。また、女では「下々」が三〇、「中」が二三、「下」が一三であり、「下々」と「中」は許容範囲といえるが、「下」は少なすぎる。更に、男女の比率も、「上」では男一〇〇に対して女一三三、「中」では同じく七〇〇と、およそ現実の数値とは思えない。

③近世琉球の文書に共通のことであるが、この史料でも単位がいかにも細かい。米の単位は重量に換算して一石≒一五〇キログラムとされるが、これでいくと一升＝一・五キログラム、一合＝一五〇グラム、一勺＝一五グラム、一才＝一・五グラム、一分＝〇・一五グラム、一厘＝〇・〇一五グラムとなる。つまり、「厘」の単位まで表示されているということは、米一粒以下の単位までも記されていることになる。これは、現実にはない架空の数値だということになろう。

同じく反布の単位もいかにも細かい。一尺≒三〇・三センチだから、一寸＝三・〇三センチ、一分＝〇・三センチ＝三ミリ、一厘＝〇・〇三センチ＝〇・三ミリ、一毛＝〇・〇〇三センチ＝〇・〇三ミリとなる。糸一本の反布は反布ではない。これも現実にはない架空の数値であろう。

そのことは、これが「個人別の割当額」ではないということを意味していよう。このような「架空の数値」であっても、それを基準にして村全体の負担額を計算することは可能だし、むしろそれ以外には使いようのない数値だということができる。このことは、「個人別」に割り当てたのではなく、「村別」に割り当てたという判断の傍証となろう。

久米島などに部分的に残っている検地帳、名寄帳などにも、同様に「単位の小さい架空の数値」が並んでいるが、このような帳簿が課税の基本台帳ではなく「架空の帳簿」であったことは、山本弘文氏の研究で明らかにされている。

④以上のように、架空の人口と架空の割り当て数値であることを踏まえた時、この史料が、現実の人口の調査に基づく現実の個人別賦課額を示したものとの理解は、成り立たない。まして、「一人に付き」とは、日本語としては「一人当たり」の意味であり、「一人ごとに」という言葉ではないのである。

仮に付けられたという「人頭税賦課台帳」という文書名も再検討の余地があろう。

五、「酉年定納布并年貢割符／仕上世座」のこと

第三は、牧野孫宜家文書「酉年《とりどし》定納布并《ならびに》年貢割符／仕上世座《しのぼせざ》」である。これは玻名城泰雄《はなしろやすお》翻刻で『石垣市立八重山博物館紀要』第10号（二〇〇二年三月）に掲載されている。これも得能氏からそのコピーの提供を受けた〔感謝〕。これは、同じく「八重山島」の村ごとに、その人口（男女別・年齢階級別・奉公人百姓下人下女別）、負担額が示されているものであるが、第二の資料とは異なって、「一人ニ付」の語さえ入っていないもの

である。これは「個人別の割当額」を示したものではない。

六、私は一次史料を使っている

得能氏が行論の中で、安良城盛昭《あらきもりあき》氏の見解を紹介しているのは、なぜなのだろうか。私は安良城氏の同じ個所を近著『近世琉球の租税制度と人頭税』の中の論文で紹介しているのであって、それを見過ごしてはいないが。また、安良城氏が「旧慣租税制度」という文献にも誤りがあるから批判的に読むべきだといっているのは、まさに「先島の租税だけは人頭税だとした部分」を指しているのであって、私はその見解を引き継いでいる。そして、得能氏が私に対して「旧慣租税制度」で論ずるのではなく、「可能な限り一次史料によれ」と述べていることについていえば、「旧慣租税制度」は明治期において現に租税を徴収していた当事者のまとめた文献であって、完全に一次史料であるとお答したい。

例えば、「旧慣租税制度」が租税は村に割り当てているのであって、個人に割り当ててはいない、と述べているという私の指摘に対しては、「それにそう書いてあっても、近世史料では異なる」ことを示すことが求められよう（得能氏は、それを①②④への回答で果したつもりであろうが）。

七、「人頭税」の狭義と広義

また得能氏は、私が「人頭税」を狭義に解釈していることに対して、世界史的には広義を含めていろいろな「人頭税」があったことを述べて、定義からではなく実態から検討を進めよう、という。しかし「人頭税」という用語は明治二〇年代に言われるようになったものであり、近世の研究をいくら進めても「人頭税の実態解明」は不可能だろうと思う。むしろ、「人頭税」があったと信じて、あったという先入観にとらわれてきた得能氏を含むこれまでの論者に、その先入観を捨てるようにお願いしたい。

ただ、「人頭税」を広義に解釈すれば、つまり男女別・年齢別・資産別・所得別などによって差異を設けての課税までも含めて「人頭税」というのであれば、「人頭税」と一般の税との区別は限りなく小さくなっていくであろう。人々が「人頭税は苛酷だ」という議論を受け入れてきたのは、それが画一的な税制であるという、まさに狭義での「人頭税」認識に基づいていたはずである。

得能氏は「人頭税の実態解明」を今後の課題とされているが、ならば実態が分からないのに「人頭税」を論じてこられたのだろうか。

八、「人頭税」ではなく「頭懸け」と呼びたい

得能氏は「いくらなんでも、人頭税＝過酷、人頭税はなかった＝過酷ではない、というあまりに単純な構図で理解する人は、もういないと思う」とも述べている。私は「人頭税＝過酷」を否定したが、「人頭税はなかった＝過酷ではない」と主張しているのではない。主観ではなく、客観を論じ合いたい。だから、私は「そういった単純な理解…と決別するために〈人頭税〉というのをやめようと」(得能氏) いっているのではない。だから私は「本末転倒」を犯してはいない。

得能氏は、「人頭税はなかった」のであればどう呼べばいいのかと自問して、やはり「人頭税」と呼びつづけると述べている。それはおかしい。近世期には「頭懸け」と呼ばれていたのであるから、それに戻せばいいのだ。明治期の役人が間違って名付けた「人頭税」は使用しない方がいいと思う。そして「頭懸け」の意味を反省してみることが求められていると考えている。

なお、関連して、得能氏は「上からの農業化」（豊見山和行氏の新説）に興味を示していて、これにコメントしている。私もこれには興味がある。しかし得能氏の理解とはズレがある。当時の沖縄は、農業の取り組みのきわめて弱い社会であった、生産力は相当に低かった、だから租税を取る側からは農産物を上納させることが難しく、砂糖や反布を作る労働を提供させたのである。そのような社会構造の基本認識と関連させて、私は「人頭税」を考えている。

（『八重山毎日新聞』二〇〇四年一月）

＊なお、以上の反論の論拠は、紙面では示されておらず、考察の結論を列挙したにすぎないが、別に以下の三つの資料を提示した（南島文化研究所編『石垣島調査報告書(2)——地域研究シリーズ№32』二〇〇四年に、すべて収録されている）。

〔資料1〕上布算・村算・藁算（「八重山島風俗一斑」のうち）——『東京国立博物館図版目録　琉球資料篇』

〔資料2〕新本家文書「八重山島人頭税賦課台帳」（仮題）——得能寿美翻刻、『石垣市立・八重山博物館紀要』第19号、二〇〇二年三月

〔資料3〕19世紀八重山の人口の年齢別構成

おわりに

「皆さん、人頭税、人頭税と、まるでとっておきの文化財みたいにおっしゃるが、そんなのこの島の専売特許みたいにされたんじゃ、かなわない」。

これは岡本太郎の述べた言葉である。

岡本は、一九五〇年代の末に沖縄について本を書いている。当初は『中央公論』に「沖縄文化論」として連載され、単行本になるときに『忘れられた日本――沖縄文化論』にされ、さらにのちに逆転されて『沖縄文化論――忘れられた日本』となったものである。当初、「沖縄文化論」が主題とされず副題とされたのは、岡本によるものではなく、「その頃の日本人にとって、沖縄はあまりに遠く、意識の外にあり、『沖縄文化論』では誰も手にとってくれないだろうと出版部が危惧したからだ」(岡本夫人・敏子)。普天間飛行場の移設を口実した、辺野古への新しい基地の建設という日本政府の頑《かたく》な方針と、それに対抗して翁長知事を先頭にその反対に燃える沖縄――という構図の下で、状況は変化しつつある。今では、沖縄を知らない日本人は「絶滅危惧種」であり、「沖縄文化論」としても売れ行きには変わりはないだろう。

その岡本は、八重山旅行中に、人頭税のことをさんざん聞かされた。ずっと聞いていた岡本も、その話の熱心さ、異常さに、ついに音《ね》をあげた。つまり、耐えきれなかった。そこで書いている。

「ところで人頭税のことだが、歴史家もこの島の文化人も、誰でもその悲劇を強調する。たしかにそのとおりなのだが、それ以外に証明する何ものもないかのような、熱のいれ方だ。まるでこの島の特権、権利みたい。それ以上に話がのびて行かない。この島にはたまたま〈人頭税〉という名のシステムがあったから、特別にドラマティックで、イカセル。事実そうだったのは解るが、しかしそういう過去をふりかえって、現在の自分は何も背負わないで、可哀そうだなんてぬけぬけ同情したり、逆に財産みたいに振りまわすのは、卑しい。私はある席で、話しあっているうちに、何となく腹立たしくなってきた。そこで無遠慮にぶつけた。〈皆さん、人頭税、人頭税と、まるでとっておきの文化財みたいにおっしゃるが、そんなのこの島の専売特許みたいにされたんじゃ、かなわない。〉まともに生きている人間は誰だって、何らかの形で人頭税をしょっている。人間の生きるってのはそういうことだ。私だってわざわざこんな八重山くんだりまでやって来て、島じゅう歩きまわったり、夜遅くまでこうやって一生けんめい話しあっているんだって、別に頼まれたわけじゃない、ご苦労な話だが、運命としての人頭税みたいなものだ。そういう重みに耐え、生甲斐を歌いきっている人間がいるのだ。――と、つい尻をまくってしまった。島の人たちはやや呆気にとられているようだったが、やがて真顔になってうなづいていた。／じっさい、明治末期に悪法が廃止され、八重山が解放されてから、ではいったいここの人たちは何を生み出したというのだろう。今日なおすべて美しいものは、過ぎた時代の思い出である。自由になってからはかえって悲惨な過去に生命の幻影をかずけている［かこつける。ことよせる―広辞苑］だけのように見える。あの悲歌だって、かつては生命のハリを支えたのに、いまはそれがただ回想として、マイナスの向きにしか働いていない。皮肉ではないか」（中央公論新社・中公文庫、一九九六年版、一一三―一一四頁）。

もちろん、岡本は「人頭税はなかった」とは思っていなかったろうが、私がこのように「なかった」ことを伝えたら、大いに共感してもらえただろうと思う。岡本をうんざりさせた、当時の八重山の人びとの人頭税認識が、いかにゆがんだものであったかを想う。そして、その傾向は、今も変わっていない。宮古も同様である。

このまま時を過ごしてはいけない。歴史の真実を皆で共有することなく、単なる情念で生きることは許されない。本書はそれを打破したい一心でまとめたものである。

歴史は、正しく伝えなければならない。客観的な事実を探っていかねばならない。それには単なる言い伝えによることなく、主観によることなく、資料を提示しなければならない。

私は、沖縄という所は伝説の生まれやすい所だと思っている。その例として私は宮古のオトーリ（お通り）を挙げている。ごく近い時代に生まれた慣行でありながら、ずっと以前からあったものという伝説が成立している。私の体験では、日本復帰前に宮古に行ってもそんな慣行には出会わなかったが、その後宮古に出掛けた人の報告談ではじめて知らされた。その人が「県外人」であったということにヒントがあるように思う。特異な飲み方を強要され、驚かされたのである。

例えば一〇人の酒座とする。あるタイミングで、一人が立って口上を述べる。「遠くからお客を迎えてうれしく思う、この気持ちを皆で分かち合ってほしい、これからオトーリを回すので、よろしく」などと言い、自らのグラスに見本となる分量を示しつつ、飲み干して、同じ分量の酒を注いで隣の人に回す。その人は何も語らず、ただ飲んで、口上を述べた人にグラスを返す。次の人にも最初の人が酒を注《つ》ぎ、順に回っていく。一〇人回り終わったところで、最初の人が同じように酒を注いでお礼を言って終わる。すると、別の人が同じことをやる。口上を述べ、酒杯を回す。こうして、一〇人のすべてが酒杯を回すので、一〇杯ずつ飲むことになる。

当初は、ということは復帰当初は、ということになるが、かなり厳格であったように思う。口上を述べる人の示した酒の分量を守らなければならない、酒を水で薄めてはならない、自分の番に回ってきたら断ってはならない、などなど。今ではずいぶん緩んで、「強要」という性格は薄れたように思う。

このようなオトーリについては、起源論も諸説が出て、ルール（私が示したのはその一例にすぎないだろうが）についても諸説が出て、その議論それ自体が「酒の肴」の性格を帯びたりした。

いずれにせよ、これが宮古の昔からの飲み方だというのは「伝説」にすぎまい。

人頭税に戻って、その「伝説」の一つに「人頭税石」がある。課税対象者の判定が、当人の背丈をこの石の高さと比べてなされたというものである。人びとの年齢が把握されていなかったということになり、戸籍の存在を否定することになり、話の筋が通らない。また、それがそうなら、各地に同様の石柱がなければならない筈だが、そうはない。さらに、身長を基準に課税対象者を決めるということが仮にあったとしても、それは「人頭税」に特有のものであるという結びつけに無理がある。かくして、このような疑問と、それへの批判という道理が通って、この石は史跡から観光素材に転落したのである（本文六二頁）。

次は、「人頭税石」を「伝説」として排除することに続けて、「人頭税」そのものを「伝説」として排除すべきである。

学問の世界では、反論がなければそれが正論となるものである。この本に対する反論がなければ、「人頭税はなかった」という私の主張は世間に迎え入れられたことになる。私はそのことを望むが、しかし、そうではなく、これまで「人頭税はあった」としてきた皆さんが、私の主張を受け入れるという宣言をしていただいて、そうなることを望むものである。

二〇一五年六月

来間　泰男（くりま　やすお）

1941年、那覇市に生まれる。

1965年、宇都宮大学農学部農業経済学科を卒業後、３年間、琉球政府農林局に勤めて、同大学院農学研究科（修士課程）に入り、1970年修了。

1970年－2010年、沖縄国際大学、現在は名誉教授。

著　書『沖縄の農業』（日本経済評論社）、『沖縄経済論批判』（同社）、『沖縄経済の幻想と現実』（同社・伊波普猷賞受賞）、『沖縄県農林水産行政史』第１・２巻（農林統計協会・九州農業経済学会学術賞受賞）、『沖縄の米軍基地と軍用地料』（榕樹書林）、『沖縄の覚悟―基地・経済・"独立"』（日本経済評論社）など。

現在、日本経済評論社から「沖縄史を読み解くシリーズ」を刊行中。第１巻『稲作の起源・伝来と"海上の道"』（上・下）、第２巻『〈流求国〉と〈南島〉』、第３巻『グスクと按司』（上・下）、第４巻『琉球王国の成立』（上・下）。

住　所：〒903-0815 那覇市首里金城町1-33-210
E-mail：kurima_yasuo@nifty.com

人頭税はなかった―伝承・事実・真実　がじゅまるブックス　9

ISBN 978-4-89805-183-2 C0321　2015年8月1日　印刷
2015年8月5日　発行

著者　**来間泰男**
発行者　**武石和実**
発行所　**榕樹書林**

〒901-2211 沖縄県宜野湾市宜野湾3-2-2
TEL. 098-893-4076　FAX. 098-893-6708
E-mail：gajumaru@chive.ocn.ne.jp
郵便振替 00170-1-362904

印刷・製本　㈲でいご印刷